The 1st step to human resource management

1
からの
人的資源管理

西村孝史
島貫智行 編著
西岡由美

発行所：碩学舎
発売元：中央経済社

序　文

本書は、大学で人的資源管理（大学によっては労務管理論、人事管理論、人材マネジメント論、ヒューマン・リソース・マネジメントなど様々な呼び方があります）をはじめて学ぶ学生向けに書かれた本です。正社員として働いた経験が少なく、アルバイトや派遣スタッフとして働くことが多い学生にとって、人的資源管理はとっつきにくい学問かもしれません。なぜなら会社で人的資源管理に関わる部門である「人事」は、学生にとって就職活動の面接官あるいはアルバイトにおける給与や残業を管理している部署というイメージが強いからです。そのためどの大学の担当教員もどのように人的資源管理を教えればよいのか苦労しています。授業内容が具体性に富んで実務的な内容に偏り過ぎても、逆に理論的に抽象的な内容に偏り過ぎても、人的資源管理という全体像を捉えることが難しいからです。程よいバランスの入門書はないだろうか、こうした問題意識から生まれたのが本書です。

このような問題意識に対して本書は大きく３つの特徴があります。１つは、人的資源管理に必要な知識をコンパクトにまとめている点です。企業の中で人を動かす仕組み（人事施策）は、政治的・経済的・社会的・技術的要因（Politics、Economy、Society and Technology）によって影響を受けます。例えば、通年採用の増加、定年制の有無、女性管理職の数値目標、コロナ禍における給与補償などを挙げることができるでしょう。また、AI（Artificial Intelligence）の発展は、人の働き方や仕事の再編成を促しますし、データの高速化は、会社に通勤して仕事をするという価値観を転換させる土台となります。このように企業の人事施策は、日々進化を遂げており、それらすべてを教科書の中で捉えることは難しいのが現状です。そこで本書では、人的資源管理で必要な知識を押さえることを心掛けました。同時に、必要最低限の知識を記述していますが、重要な用語や考え方は、複数の章にまたがって何度か登場するように敢えて設定しています。

２つ目の特徴は、人的資源管理を学ぶにあたって必要な周辺概念や用語もコラムを中心に配置している点です。特にコラムでは組織行動論を中心とした概念を押さえ、第２章でごく簡単ですが、組織構造やリーダーシップについても触れています。組織行動論とは、組織の中で働く人々の心理や行動を体系的に扱う学問分野です。人的資源管理は、経営学の他の学問だけでなく、心理学、社会学、経済学など様々な学問の力を借りています。例えば、「企業が成果給を導入すると、働く人の意欲が上がる（あるいは下がる）」という時に、「なぜ成果給を導入すると、働く人の意欲が上がるのか（下がるのか）」という理由を説明するためには、何かしらの理論的枠組みが必要です。特に人的資源管理では組織行動論の理論を使うことが多いことから、各章のコラムで関連する概念を配置しています。また、章によっては組織行動論の理論だけでなく、法律の説明も加えています。

３つ目の特徴は、人的資源管理や組織行動論およびその関連科目を担当している各大学の先生が分担して執筆している点です。各章は、それぞれの内容を専門とし、企業の人事管理の実態にも詳しい先生方が執筆しています。その結果、本書の分担執筆者は、第一線の研究者で構成されています。

以上の３つの特徴を踏まえると、本書は主な対象を学部生としていますが、必ずしも学部生だけにとどまりません。人事の仕組みを学びたい新入社員、大学院（MBA）の入試準備のために人的資源管理を一通り理解したい方、他の部署から異動してきて人事の知識が全くない人事部員の方などにも最初の一冊として使用していただける内容となっています。前述のとおり、本書は人的資源管理を包括的に学ぶことに主眼を置いているため、その内容は必要最低限の知識に留めています。そのため、より興味を持った内容は各章の「次に読んでほしい本」にあたって理解を深めてください。そのため「次に読んでほしい本」については、なるべく現時点で入手可能な本を選択しています。

〔架空の家族：杜野（もりの）家〕

本書の各章のケースでは、東京都八王子市に住んでいる杜野（もりの）家が登場します。各章のケースで登場する人々は、杜野家を中心に書かれています。杜野家の主人公は、大学生で人的資源管理および組織行動論をゼミナールで学んでいる樹（いつき）ですが、杜野家の家系図を見るとわかるように、本書で学ぶ人的資源管理は私たちの身の周りのあらゆるところに存在しています。樹の姉の葵（あおい）は、アパレルメーカー総合職の営業２年目として仕事を覚えつつあります。２人の父親の薫（かおる）は、海外進出を積極的に進めている花里食品株式会社の人事部長です。薫の妻の梓（あずさ）は、派遣社員という雇用形態で大学事務職をしています。親戚筋では、薫の兄の桔平（きっぺい）は、貿易会社社長として多くの社員を雇用し、外国とも取引がありそうです。梓の妹の椙田杏子（きょうこ）は、研究開発職として専門性の高い仕事に従事しつつ、海外勤務を打診されており、近年の

「働き方改革」で悩みを抱えているようです。梓と杏子の父親である楠木柊一郎（ひいちろう）は、75歳ですが今も会社で元気に働いています。

本書には、他にも樹と同じゼミのメンバーである桂木さんと若葉さん、樹とフットサルのサークル仲間でアルバイト先も同じである柿崎さんがいます。さらに葵の会社の先輩である麻生さん、樹の父親の薫と同期入社の菊田氏と桃井氏が出てきます。菊田氏も桃井氏も薫の会社で海外赴任をしましたが、菊田氏は海外子会社で上手く行かず帰国し、桃井氏は現地子会社で成果をあげた結果、花里食品株式会社を辞めて転職してしまいました。

ミニケースでは、インターンシップやアルバイト先の時給アップの話、人事異動や海外赴任の話など各章のテーマに合わせた内容が取り上げられています。まずは、各章のミニケースを読んでから本文に目を通してみましょう。

【杜野家の家系図】

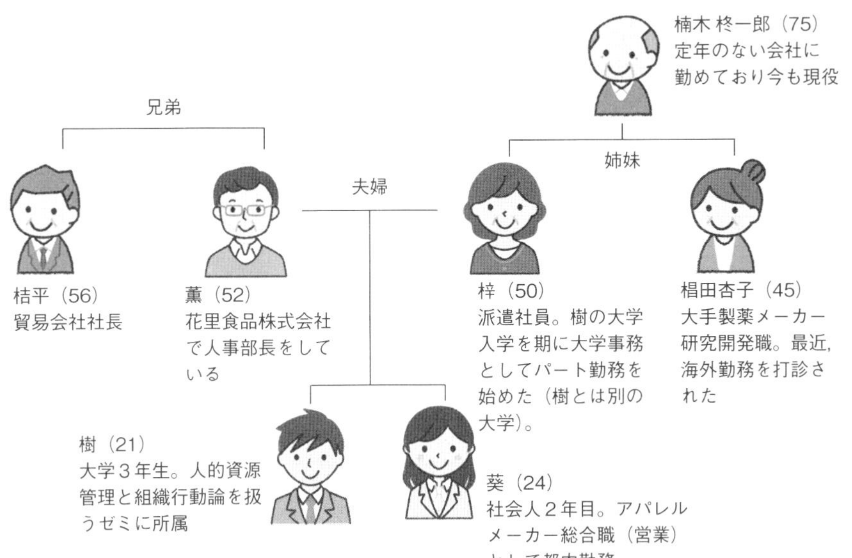

【主な登場人物】

・杜野　樹（21歳）：都内の大学３年生。人的資源管理と組織行動論を扱うゼミに所属。大学１年の夏から塾講師のアルバイトをしている。中・高校の部活はサーカー部で、現在フットサル・サークルの副キャプテン。
・杜野　薫（52歳）：丸の内にある食品メーカー、花里食品株式会社の人事部長、大卒で入社、勤続年数30年。
・杜野　梓（50歳）：現在、派遣社員３年目、大学事務職としてパート勤務、大学卒業後、薫と同じ食品メーカーで経理事務職として勤務。長女・葵の出産を機に、退職。
・杜野　葵（24歳）：社会人２年目。アパレルメーカー総合職（営業）として都内勤務。将来は海外勤務を希望。
・杜野　桔平（56歳）：貿易会社（10年前に起業）の社長。従業員は110名。起業前は大卒後、総合商社にて勤務。家族は妻（専業主婦）と子ども２人
・楠木　柊一郎（75歳）：定年のない製造会社に勤務中で技術職。妻とは死別。仕事が生きがい。趣味はマラソン。最近、ハーフマラソンを完走した。
・椙田　杏子（45歳）：大手製薬メーカー研究開発職。最近、海外勤務を打診されたが、夫が難色を示している。家族は夫（子どもなし）。夫は、数年前に会社を退職し、生産管理のコンサルタントして活躍中。

〈その他の登場人物〉
・柿崎さん：樹のフットサル・サークル仲間。樹と同じアルバイト先で塾講師をしている。ニックネームはカッキー。
・桂木さん：樹と同じゼミに所属。飲食店でアルバイトをしている男子大学生
・若葉さん：樹と同じゼミに所属。アパレルメーカー志望の女子大学生
・麻生さん：葵の会社の先輩
・菊田氏：薫の同僚
・桃井氏：薫の元同僚

本書を作成するにあたっては、教科書の構想自体はコロナ禍よりも前にあったものの、執筆期間はコロナ禍の真っただ中であり、執筆者の先生方もこれまでとは異なる働き方が求められる中での検討・執筆となりました。新型コロナウイルス感染症の影響により、人々の働き方やそれに関わる人的資源管理のあり方は変化しており、今後、本書の内容も過不足が生じるかもしれません。ぜひ読者の皆さんに本書を読んでもらい、皆さんの感想や意見をお聞かせ下さい。人的資源管理は、営利組織に限らず、部活動やサークル、同好会などの運営や皆さんが所属しているゼミナールの運営にも関わる話です。本書で学んだ内容を単なる授業の教養の１つとして片づけてしまい、いつしか頭の中から消してしまうのではなく、自分の身の周りのことについて考えてみたり、場合によっては実際に使用してみてください。こう

したことで人的資源管理が机上の学問ではなく、生きた学問として皆さんの血肉になることを編著者一同期待しています。

本書の刊行をお声がけいただいた松井剛先生（一橋大学）ならびに水越康介先生（東京都立大学）、また、編集を担当いただいた（株）中央経済社の市田由紀子様・浜田匡様にお礼申し上げます。編著者の調整能力不足ゆえに当初よりも出版が遅れてしまい、上記の方々だけでなく、分担執筆された先生方にもご迷惑をおかけしました。他方で先生方のおかげで本書が碩学舎の『１からシリーズ』の末席に加わることができました。編著者一同お礼申し上げます。

2021年10月

編著者一同

CONTENTS

第1章

人的資源管理とは何か

1 はじめに

企業経営にとって従業員の活用はなぜ重要なのだろうか。それは従業員１人ひとりの能力や意欲の発揮が、企業の経営戦略の達成や持続的な成長に必要不可欠なものであるからである。人的資源管理の活動は、ヒトをモノ、カネ、情報と同様に経営資源と捉えることから始まる。本章では、人的資源管理の基本的な考え方と、人的資源管理において考慮すべき企業内外の要因、人的資源管理を実践する人事部とライン管理者の役割を学ぶ。

2 ミニケース：経営者と従業員のための人的資源管理

今日は毎年恒例の家族・親戚を交えた花見である。

桔平 「樹は大学３年生になったけど、ゼミではどんなことを勉強しているの？」

樹 「人的資源管理と組織行動論を勉強しているんだ。卒業してどの会社に就職しても、人材のマネジメントって役立つように思うんだ」

桔平 「そうか、それはいい選択だな。人的資源管理を勉強したら、将来はお父さんみたいに人事部長になれるかもな。人事部長は社長の右腕として経営を担う仕事だぞ」

樹 「そうなんだね、父さんの仕事を考えたことはなかったよ」

葵 「私は人事部長や人事部の人たちとは、就職活動の面接や入社時研修で会って以来かしら」

薫 「葵も社会人２年目になって、営業の仕事にもだいぶ慣れただろう」

葵 「まあね。でも私は総合職として採用されているから、数年したら他の部署や職種に異動になると思うの。部署が変わっても営業のままがいいな」

杏子 「そうなのね。私の会社は職種別採用だから、営業職で入社したらそのままキャリアを積んでいくのよ」

薫 「最近の大学生は会社のことをよく調べていて、採用面接でも専門性が身につくかとか、自分が成長できるかとか、人材育成に対する関心が高いね。杏子さんのところはどう？」

杏子 「私の部署は研究開発職だから、大学院の専攻を活かせるかどうかが決め手じゃないかな。研究開発の仕事はなかなか成果が出にくいから、若い社員の評価は難しいわ。そうそう、たしかお父さんの会社は定年がないんでしょ？」

柊一郎 「今は人生100年時代と言われているからな。同じ会社で長く働けるのは幸せなことだな」

桔平 「定年がなく安心して働ける会社なんて、なかなかないですよ。うちみたいな創業10年程度の会社は、給与をきちんと払って社員を雇用し続けられるか心配してばかりです」

葵 「桔平おじさんも結構苦労しているのね」

樹 「そういえば、母さんは僕の大学入学と同時に働き始めたから、今年で３年目になるよね？」

梓 「そうね、法律で同じ勤務先で働けるのは長くて３年間と決まっているから、今年が最後ね。樹が４年生のときには他の会社に派遣されることになるわね」

薫 「樹、人的資源管理は、必ずしもひとつの正解が用意されているわけではないから難しいけれど、そのぶん面白いだろう。父さんは、経営者と従業員の両方の立場になって考えることが大事だと思うよ」

人的資源管理とは何をすることなのだろうか。樹は、次回の授業で同じゼミの桂木さんや若葉さんと議論してみようと思った。

3 人的資源管理とは

◈ 経営資源としての従業員

人的資源管理（Human Resource Management：HRM）とは、企業の経営戦略の達成や持続的な成長に必要な人的資源を確保し有効活用することを指す。人的資源という名称には、従業員は単なる労働力ではなく、企業に価値をもたらす資源であるという意味が込められている。また、経営戦略が「企業が実現したいと考える目標と、それを実現させるための道筋を、外部環境と内部資源に関連づけて描いた、将来に渡る見取り図」であることをふまえると、人的資源管理は、内部資源のひとつである従業員の資源価値を最大限に引き出して高いパフォーマンスの発揮を促し、経営戦略の実現に貢献する活動であるといえる。なお、従業員とは企業に雇用された労働者を意味する。

従業員の資源価値は「能力×意欲」という掛け算で理解できる。従業員には１人ひとりに個別の能力と意欲が備わっており、能力と意欲のいずれか一方が高くても不十分である。また、経営戦略が異なれば必要とされる従業員の能力や意欲、活用方法なども異なる。例えば、高品質な製品やサービスの提供によって他社と差別化する戦略を採るなら、従業員には品質意識や顧客志向が高く、品質向上に能力や意欲を発揮してほしいだろう。

一方、一定品質の製品やサービスを低価格で提供する戦略を採るなら、従業員にはコスト意識や達成志向が高く、作業効率に能力や意欲を発揮させたいだろう。人的資源管理には、個別の企業の経営戦略に応じた活動方針を定めたうえで労働者を雇用し、個々の従業員が能力や意欲を向上させ発揮できる仕事や報酬、成長機会、職場環境などを提供することが求められる。

◈ 人的資源管理の５つの機能

人的資源管理には主要な５つの機能がある。第１に、採用機能である。人的資源を外部労働市場から調達する機能であり、企業経営に必要な従業員の要件を設定し、募集や選考を行い、労働契約を締結して雇用する活動である。また、新規学卒者を対象とした採用活動を新卒採用と呼び、就職説明会やインターンシップ、面接試験などが含まれる。

第２に、配置機能である。人的資源を仕事に割り当てる機能であり、従業員の能力や適性に合う仕事に従事させたり、適材適所を実現するために仕事を変更したりする活動である。また、仕事の変更に伴い従業員の所属部署を変更することがあり、これらを人事異動や配置転換と呼ぶ。

第３に、育成機能である。人的資源の価値、とくに能力面を向上させる機能であり、その典型例として、仕事を通じて能力やスキル、知識を習得させるOJT（On the Job Training）や、仕事を離れた教育研修により能力やスキル、知識を習得させるOff-JT（Off the Job Training）がある。長期的な観点から従業員のキャリア形成支援を行うことも含まれる。

第４に、評価機能である。人的資源の価値を測定する機能であり、従業員の能力やスキル、意欲、行動、態度、業績などの評価基準を設定し、それに基づいて評価結果（A，B，Cなど）を決定する活動である。評価結果の情報は、後出の処遇のみならず育成や配置にも活用される。

第５に、処遇機能である。人的資源の価値に見合う報酬を分配する機能であり、その代表例である賃金は、一般に毎月支給される給与と業績貢献に応じて支給される賞与がある。また、係長から課長、課長から部長のように上位役職に就く昇進もある。評価と処遇は、人的資源の価値、とくに意欲面を向上させるうえで重要な役割を果たしている。

これらの機能は、単独では十分な効果をもたらすことは難しいとされる。そこで人的資源管理には、機能を相互に結び付けて一連のサイクルとして捉え、活動を連鎖させながら従業員の資源価値を向上させることが求められる（**図１－１**）。なお、採用から配置、育成、評価、処遇による人的資源のフローの仕組みは、企業内の労働市場とみなせることから、外部労働市場と対比して内部労働市場と呼ぶ。

【図１－１　人的資源管理の諸機能】

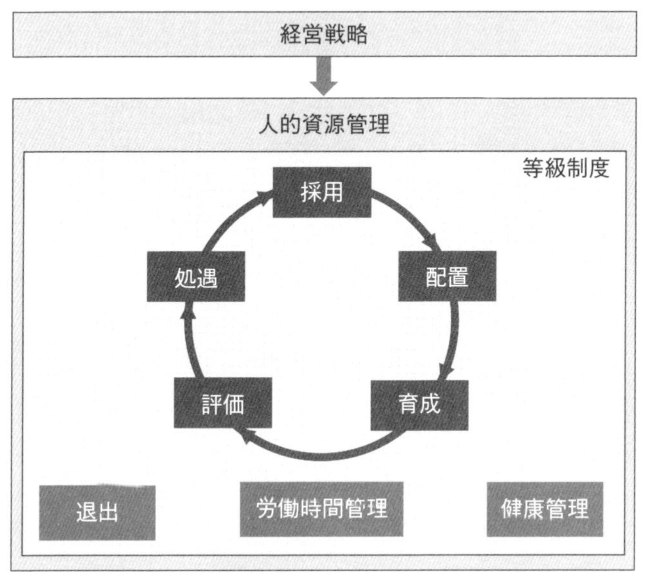

人的資源管理の主要な５つの機能が効果を発揮するには、それ以外の機能も考える必要がある。たとえば退出機能である。人的資源を内部労働市場から外部労働市場に還元する機能であり、転職や再就職、グループ企業への出向・転籍などの退職管理にかかわる活動である。

また、労働時間管理や健康管理は、人的資源を良好な状態に保つ機能である。従業員の労働時間を把握して長時間労働につながる問題点を解消したり、適切なタイミングで休憩や休暇を確保したりする活動や、仕事と生活の調和を意味するワーク・ライフ・バランスの実現を支援する活動、従業員のメンタルヘルスや健康増進につながる活動などがある。

なお、企業による従業員の格付け制度として等級制度がある。一般には従業員の能力に基づく等級制度と、従業員が従事する仕事の価値に基づく等級制度の２つがあり、前者を職能資格制度、後者を職務等級制度と呼ぶ。これらの等級制度と前述した人的資源管理の諸機能との関係は、例えるならパソコンのOSとアプリケーションのような関係であり、等級制度は人的資源管理の機能の基盤としての役割を果たしている。

4 人的資源管理において考慮すべき要因

人的資源管理は、企業内外の様々な要因の影響を受けるため、それらを考慮に入れて実践する必要がある（**図１－２**）。

【図１－２　人的資源管理において考慮すべき要因】

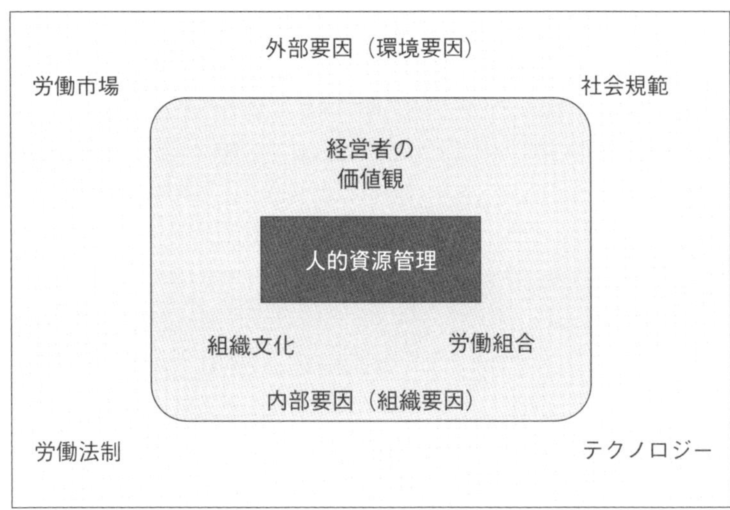

◈ 外部要因

外部要因とは、企業をとりまく環境要因のことである。主な外部要因として、労働市場、労働法制、社会規範、テクノロジーなどがある。

まず、労働市場は、従業員の採用や維持（リテンション）などに影響を与える。たとえば、労働者を雇用したい企業が多い状況や、特定の能力やスキルを持つ労働者が希少な状況では、企業は労働者にとって魅力的な賃金や昇進機会、労働条件、職場環境などを整備しないと従業員の採用は難しく、同様に現在の従業員も他社に転職してしまいかねない。また、労働力人口や構成の推移をみると、世界の少子高齢化のなかでも日本はひときわ急速に進んでいることから、企業には日本人男性のみならず、女性や高齢者、障がい者、外国人などの多様な従業員を活用する、ダイバーシティを重視した人的資源管理が求められる。

つぎに、労働法制は、採用や退出、労働時間管理などに影響を与える。労働法制は労働者の保護を図るための様々な法律であり、たとえば労働基準法は労働条件に関する最低基準を、最低賃金法は賃金の最低額を、労働契約法は労働者と企業の間で結ぶ労働契約についての基本的なルールを、男女雇用機会均等法は人的資源管理における男女の均等取扱いを定めている。企業はそれらの労働法制を正しく理解し、また法律が改正されれば適切に対応するなど、労働法制を遵守した人的資源管理を実践する必要がある。

さらに、社会規範とは、雇用や労働のあり方についての社会のなかの企業に対する期待のことである。日本では期間の定めのない無期労働契約を結びフルタイムで働く正規労働が一般的であったことから、これまで企業には従業員を長期的に雇用することが期待されていた。しかし、現在は期間の定めのある有期労働契約や労働時間の短いパートタイム労働、企業に雇用されずに働くフリーランスなどの多様な働き方が広がることが期待されている。企業の人的資源管理にも、正社員以外の多様な就業形態の活用が求められている。

そして、テクノロジーについては、その活用によって在宅勤務やモバイルワークといったテレワークが可能となり、通勤時間の削減だけでなく育児・介護などの事情を抱える従業員への柔軟な働き方を提供する。近年では、採用における応募者の選考や配置における適任者の選択に際してAI（Artificial Intelligence）を活用する企業や、ロボットを活用して業務の自動化や効率化を図る企業も現れている。テクノロジーは、人的資源管理の可能性を拡げるとともに、人的資源の有効活用のあり方についての新たな課題を提示している。

◈ 内部要因

内部要因とは、企業内の組織要因のことである。主な内部要因として、経営者の価値観、組織文化、労働組合などがある。

まず、経営者の価値観については、経営者が従業員を経営資源として捉えることが人的資源管理を実践する必要条件になる。経営者の価値観は、経営理念やビジョンを通じて人的資源管理の方針を形作ることから、採用から処遇にいたる一連の人的資源管理の一貫性に影響を与える。女性や高齢者、障がい者、外国人の活用も、

Column 1 - 1

組織文化

組織文化（Organizational Culture）とは「組織成員に共有された信念や価値観などの諸前提」とされる。エドガー・シャインによれば、組織文化には３つのレベルがある。最も表層的な第１のレベルは、人工物である。たとえば服装やオフィスレイアウト、仕事の進め方、儀式、シンボルなどの目に見える構造や手順、行動のことである。第２のレベルは、標榜された信念や価値観である。経営理念やビジョン、戦略、目標、哲学などを指す。最も深層的な第３のレベルは、基本的前提である。これは、無意識に当たり前にされている信念や価値観のことであり、行動や認識、思考、感情を決定するものである。組織文化の本質は、この第３のレベルにあるとされる。

組織文化には、組織にとってポジティブな機能がある。たとえば、成員に価値観や信念が共有されることによって、成員間のコミュニケーションが円滑になり、意思決定が迅速になる。また、他組織との違いが明確になり、成員の当該組織へのアイデンティティが高まる。さらに、公式の規則や制度がなくとも、成員の行動の調整やコントロールが可能になる。こうしたことから、企業経営では組織文化を定着・継承することが望まれる傾向がある。この組織文化の定着・継承に重要な役割を果たすのが、創業者やそれに続く経営者のリーダーシップである。

しかし、組織文化はいったん定着してしまうと容易に変えることができない。組織文化には成員の思考や行動を均質化させてしまうネガティブな機能もあり、環境変化への適応の足枷や組織変革の障壁になることから、企業経営においては組織文化の定着・継承だけでなく、組織文化を変革することも考えておく必要がある。組織文化の変革には、組織が直面する危機的状況を好機として利用することや、経営者の交代や外部からの人材登用、部門間の異動・配置などの人的資源管理に取り組むことが重要であるとされる。

経営者がダイバーシティの推進をどれだけ重視しているかによって変わる。経営者の価値観は、将来の人的資源管理の方向性を左右し得る重要な要因である。

つぎに、組織文化は、従業員に共有された価値観などの違いによっていくつかの類型があり、人的資源管理に影響を与える。たとえば、チームを中心とした職務遂行を志向する組織文化であれば、チームワークを促進しチーム単位の成果による評価や処遇が、革新志向の組織文化であれば、創造性を重視した採用や育成、評価が行われるであろう。また、組織文化には企業全体に定着する文化だけではなく、部門ごとに継承する文化もある。たとえば営業部門と生産部門では、同じ企業でも異なる組織文化を持ち得る。企業は、自社の組織文化の特徴をふまえながら人的資源管理を実践することが求められる。

さらに、労働組合は、労働者が主体となって自主的に労働条件の維持改善や経済的地位の向上を目的として組織する団体である。産業別や職種別などに組織されることもあるが、日本の労働組合は、企業ごとに組織された企業別労働組合が一般的である。労働組合は組合員である労働者の意見や要望を集約して、経営者と労働条件の改善などを交渉することから、企業は労働組合を通じて従業員の就業ニーズを把握し、処遇や労働時間管理などを中心に適切な人的資源管理を行うことができる。

5 人的資源管理の実践者

◈ 人事部とライン管理者

人的資源管理の実践において重要な役割を果たすのが、人事部とライン管理者である。大企業によくみられる事業部制組織であれば、人事部は経理部や法務部、広報部などとともに経営や事業を支援するスタッフ部門として位置づけられる（第2章参照）。これに対してライン管理者とは、製品やサービスに直接かかわる事業部門、すなわちライン部門における本部長や部長、課長などの職位にある管理者のことである。両者は、人的資源管理の対象範囲（全社最適と部門最適）と時間幅（長期視点と中短期視点）において異なる役割を果たしている（**図1－3**）。

人的資源管理の対象範囲については、ライン管理者は事業部門、本部、部、課などを組織単位として、自らの部門組織の従業員を活用してその組織の業績の最大化を目指すことから、部門最適の人的資源管理を志向する。採用は部門内の仕事を遂行できる能力を重視し、配置は部門内での適材適所を図り、育成は部門内の仕事を通じてそれに必要な能力やスキルを習得させるものとなる。評価や処遇も同様に、部門の特徴を反映し部門内の事情を考慮して行うことになる。これに対してスタッフ部門の人事部は、企業全体の業績の最大化を目指すことから、全社最適の人的資源管理を志向する。採用はいずれの部門でも活かせる能力を重視し、配置は部門間の均衡や企業全体の適材適所の実現のために部門をまたぎ、育成は部門横断的な能

【図１－３　人的資源管理の実践者】

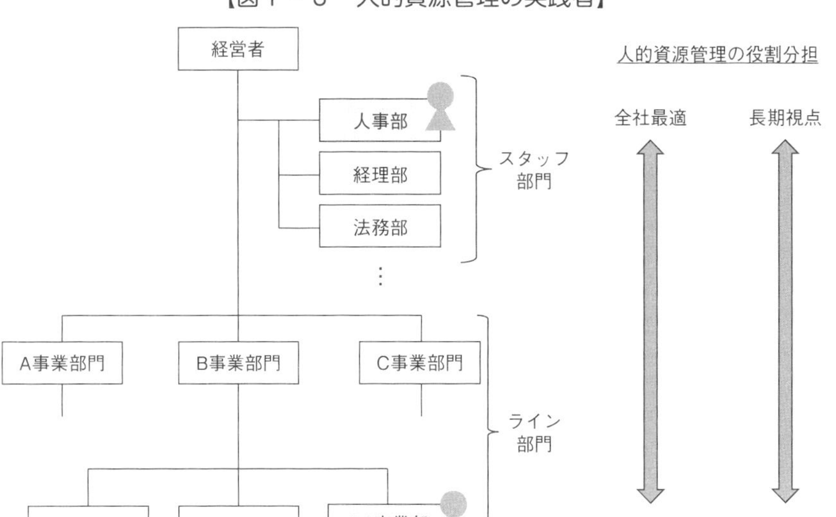

力やスキルの教育研修を実施する。評価や処遇についても、全社統一の評価基準や賃金水準を設定したり、部門間の公平性に配慮しながら評価結果の調整や昇進者の決定を行ったりする。

また、人的資源管理の時間幅については、事業部門は利益責任を負っていることから、ライン管理者は当面の業績を達成するための中短期視点の人的資源管理を志向する。部下従業員を短期のうちに成果を発揮できる仕事へ割り当て、現在の仕事を遂行するための能力やスキルを習得させる。また、１年間や四半期などの評価期間を設定し、業績目標の達成を重視して賃金による処遇を行う。これに対して人事部は、直接的に利益責任を負わないことから、長期視点の人的資源管理を志向する。10年後の事業構造や外部環境の変化を見据えて採用計画を考えたり、従業員の将来の昇進可能性などを念頭に育成や配置転換を行い仕事を幅広く経験させたりする。また、長期にわたる能力の伸長・蓄積を重視して評価し、昇進による処遇を行うことになる。

◈ 人事部とライン管理者の協働

前述のとおり、人事部とライン管理者には、全社最適・長期視点と部門最適・中

Column 1 - 2

組織変革

組織変革（Organizational Change）とは、企業がより強い組織に生まれ変わり、長期的に存続・成長するために不可欠な活動である。組織変革には、組織文化の変革をはじめとして組織構造や人事制度の変革なども含まれる。経営環境の変化が激しく不確実性が高い状況では、企業は自ら変革を推進し、環境変化に柔軟に対応できる組織にならなくてはならない。

ジョン・コッターは、組織変革の進め方として次の８段階を示している。第１段階は、従業員の危機意識の醸成である。外部環境や内部組織を分析し、企業が直面する課題を明確にする。第２段階は、変革チームの編成である。リーダーシップと影響力を発揮して変革を推進できるチームを結成する。第３段階は、変革ビジョンの策定である。企業が向かうべき方向性を示したビジョンを策定し、実現のための戦略を立案する。第４段階は、ビジョンの伝達である。経営者が従業員とビジョンや戦略に関するコミュニケーションを図るとともに、変革チームは新しい行動様式を従業員に伝える。第５段階は、従業員の自発的行動の促進である。変革への抵抗を抑制するために、従来の慣習にとらわれない行動を奨励する。第６段階は、短期的成果の達成である。目に見える成果を示すことで、従業員が変革に自信を持ち、経営者の変革を信頼するようになる。第７段階は、さらなる変革の推進である。従業員から得られた信頼をもとにビジョンに沿わない制度や組織を改定し、変革を活性化する。第８段階は、変革の定着である。新しい行動様式の浸透を図り、組織文化として根付かせる。

組織変革は、途中を省略せずに段階的に進めるとともに、変革の勢いを削がないように各段階で確実に成功を収めていく必要がある。変革の推進者としての役割は経営者だけではなく、人事部とライン管理者も果たし得る。とくに長期的視点から人的資源管理を担う人事部の役割は重要である。

短期視点という人的資源管理の志向性に違いがある。これを反映して、大企業を中心として人事部が人事制度の設計を担い、ライン管理者がその制度を運用するという傾向がある。人事制度の設計とは、文字どおり人的資源管理の仕組みを作ることを指す。人事制度は等級制度をはじめとして評価制度、賃金制度、昇進制度、教育訓練制度など多岐にわたることから、部門ごとよりも全社一括して設計するほうが効率的な場合や、部門を問わず企業全体に適用したい場合など、人事部が人事制度設計にかかわる意義は大きい。

また、人事部とライン管理者は、協力して組織の活性化に取り組むことも可能である。従業員のリーダーシップ開発や部門間のコミュニケーションの活性化、従業員間の人的ネットワーク形成、組織文化を含む組織変革などが当てはまり、これらの取り組みを組織開発と呼ぶが、取り組みの計画策定や先導は人事部が、従業員との対話や行動促進においてはライン管理者が力を発揮する。

このように、人事部とライン管理者の役割は異なることから、人的資源管理には両者の連携が不可欠である。人事部とライン管理者は、日常的によくコミュニケーションをとり、情報を共有しながら信頼関係を構築し、協働して人的資源管理を実践していくことが求められる。

6　おわりに

人的資源管理とは、企業の経営戦略の達成や持続的な成長に必要な人的資源を確保し有効活用する活動である。ヒトはモノ、カネ、情報と同様に重要な経営資源であることから、人的資源管理は、従業員１人ひとりの能力と意欲の発揮による企業への貢献を促すために、採用、配置、育成、評価、処遇を連結してサイクルとして機能させることが重要である。また、労働市場や労働法制、社会規範、テクノロジーなどの外部要因や、経営者の価値観や組織文化、労働組合などの内部要因を考慮に入れながら、人事部とライン管理者が協働して実践することが求められる。

このような人的資源管理の考え方は、経営者の立場に基づくものである。人的資源管理は、経営企画やマーケティング、財務、会計などと同じように、企業経営を支える職能の１つであることから、経営者の立場に立って考えることが基本となる。しかし、人的資源管理には、経営者の立場とあわせて労働者の立場も考慮に入れることが必要である。労働者の立場を考慮に入れるとは、従業員１人ひとりの働きがいやキャリア形成に寄与することを念頭において人的資源管理を実践することを意味する。労働者は、多くの企業のなかから就業する企業を選択し、またいったん就業しても働きがいやキャリアの充実を感じられなければ、他の企業に離れてしまうこともある。企業は、従業員を経営資源として最大限活用するだけでなく、労働者に選ばれる存在にならなくてはならない。

このことは、人的資源管理には労働者と経営者（使用者）の関係、すなわち労使関係を良好に維持・発展させる役割があることを示している。経営者と労働者の双方の立場に立って両者の利害調整を図り、企業の経営目標の実現や事業活動の継続と個々の従業員の働きがいやキャリアの充実を、いかにして両立できるのかを考えることが求められる。

？考えてみよう

① ユニークな人的資源管理をしている企業の事例を取り上げて、その理由を考えてみよう。

② 日本企業の人的資源管理の変化を取り上げて、どのような企業内外の要因が影響を与えているのかを考えてみよう。

③ 企業の人事部で働く従業員にはどのような能力やスキルが求められるかを考えてみよう。

次に読んでほしい本

☆戦略的人的資源管理の実践について詳しく学ぶには…。

曽山哲人・金井壽宏（2014）『クリエイティブ人事：個人を伸ばす、チームを活かす』光文社新書。

☆日本の人的資源管理や雇用慣行について詳しく学ぶには…。

濱口桂一郎（2009）『新しい労働社会: 雇用システムの再構築へ』岩波新書。

☆海外の先進企業の人的資源管理の考え方について詳しく学ぶには…。

ジュフリー・フェファー（2010）『人材を活かす企業：「人材」と「利益」の方程式』（守島基博監修・佐藤洋一訳）翔泳社。

第2章

組織構造・職場マネジメント

1　はじめに

会社、学校、ゼミナール、部活動、アルバイトなど、私たちは、ほぼすべての人が何かしらの組織に所属し、しかも１人が様々な立場で複数の組織に所属している。組織に所属することで私たちは一人では成し遂げることが難しい目標を達成し、製品・サービスを提供している。組織において製品・サービスを円滑に提供するためには仕事を分けて（分業)、それぞれの仕事を相互に調整する必要がある。本章では、組織の中で人を管理する組織について学ぶ。

2　ミニケース：会社の組織は何のため？

ある日の食卓では、１日の仕事を終えて帰宅した葵と、薫、梓の３人が自宅で夕食をしている。葵は、最近自分の会社で起きた組織体制の変更について他社で人事部長をしている父親に尋ねた。

葵「私の会社で今月から１人のマネジャーが管理する部下の数を増やしたんだけど、前よりもマネジャーと話す機会が減ったし、なんだか前よりも忙しそう。マネジャーのお給料も変わらないみたいだし、１人のマネジャーが管理する部下の数が増えるということは、マネジャーの数が少なくなるってことだから上を目指そうという人にはガッカリする取り組みじゃないかしら」

薫「そうだね。最近は組織の階層を減らして組織をフラット化する企業が増えているようだけど、単純にフラット化するだけだとうまく機能しないかもしれないね。１人の上司がみることができる部下の人数にも限界がある。あんまり部下が多いとコミュニケーションができないだろう。ITを使って部下の仕事の進み具合を把握する仕組みや部下に権限を与えて上司に相談をする頻度を減らしていくような仕組みも同時にしないといけないかもしれない。」

葵「それにマネジャーの数も減ってしまっているし、社内で偉くなることを目的にしている人には残念な取り組みなのよ」

薫「そもそも「社内で偉くなりたい人」が減っているかもしれないよ。１つの会社で偉くなることにこだわらず、自己成長やスキルアップして他社への転職を考えている人もいるだろうし。それに葵の考え方は、手段と目的が逆転しているんじゃないかな。組織は、企業の戦略を効率的に達成するために組織を作る。だからマネジャーを置いたり、様々な組織を作ったりするわけだけど、葵は、やる気を起こさせるためにマネジャーのポストを置くべきだと言っているから手順が違うよね」

薫に諭された葵は、釈然としないものの、薫の「単純に組織をフラット化しても機能しない」という言葉に妙に納得するところがあった。実際、組織が変わっても自分の権限は変わっていないし、ITの使い方も劇的に変わったわけでない。かえって上司との距離も広がったような気もするし、「迅速に意思決定ができるように」「VUCA（Volatility, Uncertainty, Complexity, Ambiguity）の時代に合わせて」といった会社の掛け声とは裏腹に、大量の業務がマネジャーに流れ込んで仕事がストップしているんじゃないかと思ったからだ。一体何がいけないのだろう。葵は食事をしながら考えていた。

3 人的資源管理と組織

◈ 組織の時代

人的資源管理を学ぶにあたって組織は欠かすことのできない要素である。もしすべての事柄を一人で成し遂げることができるのならば、その人がヒト・モノ・カネ・情報といった経営資源活用の計画と実行について自分で完結するので、他者を管理する人的資源管理は必要ないからである。

では、組織とは何であろうか。チェスター・バーナードは、組織を「２人以上の人々によって意識的に調整された活動のシステム」と定義している。この定義で重要なことは、２人以上の人々が存在することで分業と調整が発生する点である。また、「意識的」ということで市場（しじょう）と対比的に扱われている点である。組織も市場も同じ調整メカニズムであるが、不特定多数が自己の利益を最大化しようとする市場とは異なり、組織は、組織としての利益を最大化しようと調整をする。つまり、組織とは、目まぐるしく変化する環境に適応する際に生じる様々なズレや非効率を色々な仕組みによって最小化し、利益を最大化するために構築されるシステムなのである。

また、バーナードは、組織が成立する条件として、①組織目的、②貢献意欲、③コミュニケーションの３つを挙げている。共通の目的がなければ何を目指すのか行動の方向性が分からなくなる。また目的に向かって組織の中で自分の担当の仕事を引き受け、自分の能力を職務の遂行のために使おうという意欲がなければ、組織として成果をあげることができない。コミュニケーションがなければ、物を作りすぎて部品を余らせたり、売りたい時に品物がないなどの問題が発生して組織として非効率になる。

◈ 分業の方法

分業と調整の方法は、大きく、⑴水平分業、⑵垂直分業、⑶事前調整、⑷事後調整がある（沼上、2004）。水平分業は、例えば、販売と製造の機能を分けるといった具合に各業務の範囲や業務遂行のために必要な技能を限定したり、単純化する方法である。垂直分業は、管理職は判断業務に専念し、部下は実行するというように計画・企画の立案者もしくは部門と、それらの計画・企画を実行する担当者もしくは部門を分けることである。事前調整は、標準化（ルール化）である。事前にルールを定めておくことでどこまでを自分達で判断し、何を管理職の判断を仰げばよいのかが明確になる。例えば、営業担当者が商談で決められる金額は1,000万円未満までといった規則などがこれに当たる。事後調整は、事前調整では解決できない都度の問題について調整をすることである。

分業のメリットとして第１に、仕事を単純化できること、第２に、単純化した業務に従事することで専門的な知識や熟練を身に付けることができる点である。２つのメリットを人的資源管理から考えると、第１の点については、人材の獲得が容易になることが挙げられる。第２の点は、専門化した業務がその企業独自のものである場合、企業特殊的能力が形成されることがある。ただし、専門化された業務によっては、専門的な知識・スキルを持った者を外部から雇うこともある。

反対にデメリットとしては、第１に、仕事の単調化を引き起こす可能性がある。特に単純化された反復作業は、疎外感を生じさせる。第２に、分業が組織内の人材の流動性を失わせてしまい、組織としての変化対応能力を低下させる可能性がある点である。

垂直分業した場合に、管理職も人間なので１人の管理職が管理できる部下の人数には限りがある。部下を管理できる人数を統制範囲（管理の幅：span of control）と言うが、組織を縦方向に細分化すると複数の管理職を置いた縦長の組織ができるし、管理職を少なくすると幅広なフラット型組織が出来上がる。縦長の組織は、管理職が増えるのできっちりした管理ができて、管理職になるチャンスが増える反面、管理職が増えて人件費が高騰したり、意思決定に時間がかかるなどの負の側面もある。フラットな組織は、階層が少なくなるので意思決定が早くなる一方、管理が行き届かなくなるなどの負の側面がある。

◈ 典型的な組織構造：機能別組織と事業部制組織

組織の分業の仕方は企業によって異なるが、典型的な組織構造として機能別組織（職能別組織）と事業部制組織を挙げる。機能別組織は、研究開発、製造、営業といった機能ごとに編成された組織である。機能別組織では、機能ごとにまとまって

【図２－１　機能別組織と事業部制組織】

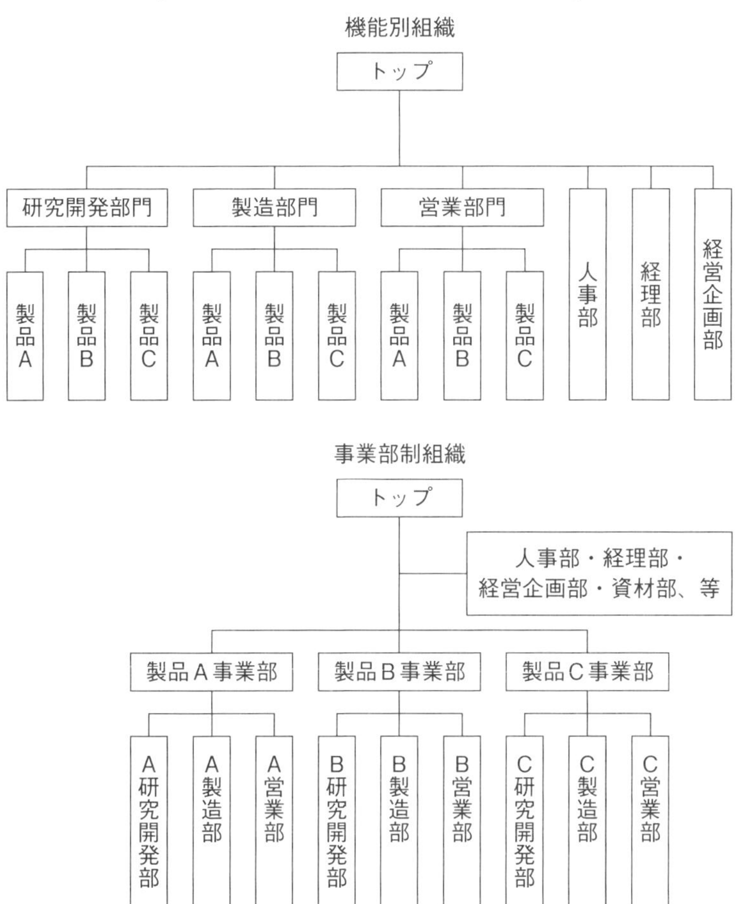

いるために、規模の経済性や専門的な知識を深めやすい反面、他の機能と合わせないと１つの業務活動が遂行できないため、各機能の独立性が弱く、意思決定についてトップに負荷がかかる。反対に、事業部制組織は、製品別や地域別などの単位で分けられており、事業部ごとに事業活動を遂行する上で必要な機能を有しているため、各事業部の独立性が高い。事業分野内での各機能間の調整が容易である反面、機能別組織と比較すると各機能の専門性を深めづらいというデメリットがある。

なお、人事部や経理部といった部門は「スタッフ」部門と呼ばれ、各職能を支援・助言する部門であり、実際に業務を行う部門を「ライン」という。そのため、企業はラインとスタッフを分離し「ライン・アンド・スタッフ組織」とすることもある。

4 会社が想定する社員とは

◈ 人間モデル

社員にどのような仕事をしてもらうのかを設計するためには、会社が社員をどのように捉えているのかを理解しておく必要がある。もし会社が、社員は隙さえあれば怠ける存在だと考えるのであれば、会社は監視カメラを付けたり、成果に基準を設けて一定水準よりも出来ていなかったら給料を下げるなどの対策を講じるかもしれない。反対に、社員は進んで仕事に意味を見出したり、難しい仕事にも積極的に取り組む存在だと考えるのであれば、会社は、社員に決定権限を与えたり、できる仕事の範囲を大きくしたりするだろう。このように会社が社員をどのように捉えているのかによって仕事の設計の仕方が異なる。

経営学では大きく３つの人間モデルがある。最初に挙げられるのが経済人モデルである。産業革命以降、人的資源の効率的な利用を追求する中でフレデリック・テイラーによって開発された科学的管理法では、「人間は経済的な欲求・利害に動機づけられる」という前提が置かれている。科学的管理法では、業務を単純化し、作業を終えるのに必要な時間や作業を測定することで、より多くの成果を成し遂げた者により高額の賃金を支払う差率出来高賃金を生み出した。このように本来テイラーが目指していたのは、管理者と労働者が科学に従って共存することであったが、過度な業務の単純化は意図せずして働く人々のやる気を削ぐこととなった。

経済人モデルの次に出てきたのが、社会人モデルである。人間関係論とかかわりを持つこのモデルは、人間は社会的な存在であり、組織に所属するという意識や組織内の良好な人間関係が動機付けに影響を与えると仮定する考え方である。

３つ目が、自己実現人モデルである。自己実現人モデルでは、人は自分の能力を最大限活用したいという高次の欲求を持つ存在であるという前提に立つ。そのため、この人間観に立った企業では、自己成長を促すような大きな権限や機会が提供されることが多い。このように経営学では時代と共に様々な人間観が主張されている。

◈ 代表的なモチベーション理論

人的資源管理では個人の能力（Ability）・動機（Motivation）・機会（Opportunity）のいずれか１つ以上を高めるような人事施策を展開することで個人の成果を高めるとされ、P（Performance）＝f（A・M・O）で表される。この式が意味することは、人の成果は能力・動機・機会の組み合わせで決まるというもので、AMO理論という。能力を高めるに企業は能力開発をするであろうし、優秀な人材を採用するかもしれない。また、様々なタイプの報酬を設定することは動機付けにつながるだろうし、人事異動によって自分の得意（不得意）の部署に変更になることで成果が変わるだろう。

ここではAMOの「M」に注目し、モチベーション理論について説明する。モチベーション理論は大きく内容（コンテンツ）理論と過程（プロセス）理論の２つに分けられる。（ワーク）モチベーションとは、「目標に向かって行われる自発的な行動の喚起、方向性、強度、持続に関わる心理的プロセス」（Mitchell, 1997）とされ、①方向性、②強度、③持続性の３つの要素から成り立っている。①方向性とは、目標をなぜ、どのように成し遂げるのかの明確性を意味する。②強度とは、目標の実現に向けた努力や意識の高さを意味し、③持続性とは、目標を追求・実現するために費やされる時間の長さや継続性を意味する。

内容理論では、個人が持っている欲求を満たすことが動機付けの源泉であると考え、代表的なものとしてアブラハム・マズローの欲求階層理論（五段階欲求説）やフレデリック・ハーズバーグの動機付け－衛生理論（二要因理論）（第12章**Column12－１**参照）、ダグラス・マクレガーのX理論・Y理論などが挙げられる。欲求階層理論では、下位の欲求から生理的欲求、安全欲求、社会的欲求、承認欲求、自己実現欲求と階層構造をなし、最上位に自己実現欲求が仮定されている。動機付け－衛生理論では、職務に関する満足と不満足は異なる要因によって影響を受けるとされ、達成や承認が満足には重要であるとされる。X理論・Y理論では、２つの人間観を対比している。X理論とは本来、人は働くことが嫌いで避けようとするため、強制や罰を用いて働かせる必要があるとする考え方である。それに対してY理論は、本来、人にとって働くことは遊びや休息と同じくらい普通のことであるため、自ら進んで行動するので強制や罰を用いなくても働くとする考え方である。

一方、過程理論は、動機付けが高まるメカニズムを解明しようとする理論である。

Column 2-1

職務特性理論

仕事の特性を測り、動機や成果に至るプロセスを探る理論

職務特性理論（Job Characteristics Model）は、リチャード・ハックマンとグレッグ・オルダムによって提唱されたモデルであり、担当している仕事の性質を５つの特性として示し、それらが最終的に動機付けや成果に至るプロセスを説明したモデルである。まずは簡単に５つの性質について説明しよう。１つは、技術の多様性で、仕事で様々なスキルを用いる程度を指す。単調な仕事よりもいくつかのスキルを組み合わせた仕事のほうが飽きづらいことを考えると分かりやすいだろう。２つ目は、担当している仕事に最初から最後まで関わることができるかを示すタスクの完結性である。３つ目は、タスクの重要性で、その仕事が社会や顧客にどれだけ影響を与えるかを示す程度であり、タスクの重要度が高いほど、自分が社会的に意義のある仕事に就いていると感じる。４つ目は、自律性で担当する仕事に対する自由度や裁量のことである。５つ目は、フィードバックで自分の仕事の出来栄えや評価が分かる程度である。

成果や動機付けにつながるメカニズム

職務特性理論が特徴的なのは、５つの職務特性が心理的な状態を経ることで仕事の成果や動機付けに至ることを示した点である（図２－２）。技術の多様性、タスクの完結性およびタスクの重要性の３つは、仕事に対する意味付けに影響を与え、自律性は仕事の結果に対する責任感に影響を与える。またフィードバックがなされるような職務では成果に関する理解が増える。そうした３つの心理状態を経ることで最終的には内的動機付けや仕事の満足度、欠勤や離職のほか、仕事

【図２－２】職務特性理論

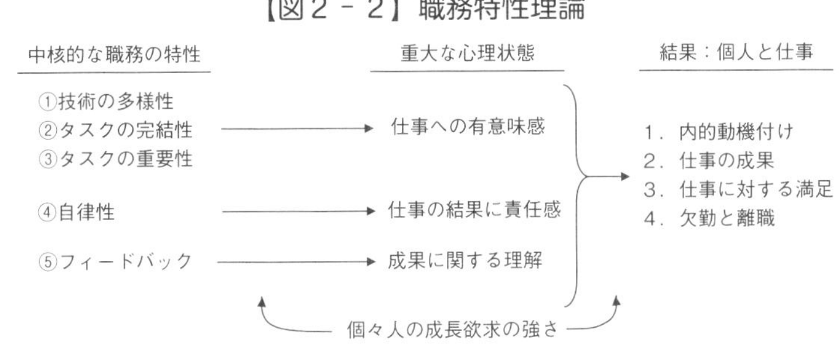

の成果にも結び付くと彼らは主張している。また、彼らは職務特性が動機付けや成果に結びつく調整要因として個人差にも言及しており、個人が持つ成長したいという欲求の程度の違いにより、矢印の影響が異なることを指摘している。

人的資源管理と関わる代表的な過程理論には、ステイシー・アダムスの衡平理論（関連する理論として第６章Column６－１参照）、エドウィン・ロックの目標設定理論（第６章Column６－２参照）、ビクター・ブルームの期待理論（第９章Column９－１参照）などがある。ただし、過程理論は、人間の認知が限定的（限定合理性）であることが見逃されているという批判や常に合理的な判断ができるわけでないという批判もあり、これらの理論を用いて実態を説明することが難しい場面もある。

5 管理職の役割

◈ 管理職（マネジャー）とリーダーシップ

管理職（マネジャー）とはどのような仕事なのだろうか。その前にリーダーと管理職の違いについて見ておく。まず、リーダーシップとは「自分が実現したいことに、周囲の人を自発的に参画させる力」と定義される。つまり、リーダーシップは、⑴目標の設定とそのための道筋（自分が実現したいこと）、⑵集団の存在（周囲の人）、⑶他者に影響を与える過程（自発的に参画させる力）の３要素で構成されている。例えば、あなたは部活の帰りにお腹が空いたので友達を誘ってご飯を食べに行ったとしよう。このことも実はリーダーシップを発揮したと言える。なぜならあなたは、⑴空腹を満たすためにご飯を食べに行く、⑵友達を誘って、⑶友達があなたの意見に賛同して一緒にご飯にいく、という点でリーダーシップの３要素を満たしているからからである。

ジョン・コッターは、管理職とリーダーとの違いについて次のように分ける。リーダーの役割は、①方向性の設定、②人心の統合、③動機付けの３つであるのに対して管理職の役割は、①計画と予算の策定、②組織編成と人員配置、③統制と問題解決を挙げている。英語の動詞だと、リーダーはLead（導く）であり、管理職はManage（管理する）であることから両者の違いをイメージできるかもしれない。つまり、リーダーが不確実性の高い状況の中で自ら一歩を踏み出し、進むべき方向に人を導く役割なのに対して、管理職は、決められた計画に従って自分が担当する組織の目標を達成するために組織のあり方や部下の配置に気を配ること、また、部下が処理しきれない問題について決断を下すことである。

垂直分業をすることで組織は階層構造を形成し、管理職は、より上位の管理職から自分が管轄する職場について管理を任される。そうして上位の階層に遡っていくと最終的には経営者にまでたどり着く。つまり、管理職は自分が担当する部署の目標を達成するために仕事を割り当て、仕事の進捗を管理するだけでなく、上位者からの情報を下位者に伝え、同時に、現場で起きた様々な情報を上位者へと伝えていく情報伝達者としての役割も有しているのである。こうした上位者から下位者への情報伝達をトップ・ダウンと言い、反対に下位者から上位者への情報伝達をボトム・アップという。また、上位者と下位者の間に存在する管理職が、結節点となってタイムリーの情報を上の方向にも下の方向にも伝え、上からと下からの情報を組み合わせて時として自ら情報発信する役割を重視する視点をミドル・アップ・ダウンということもある。

◈ 人的資源管理から見た管理職

管理職は、人的資源管理を行ううえで重要なプレイヤーの１人である。いくら人事部門が優れた人事制度を作っても、それらの制度が他の従業員に知覚・認知されていないと、誰も使用しないだろう。また、人事制度を上手く活用できている管理

【図２－３　管理職の役割】

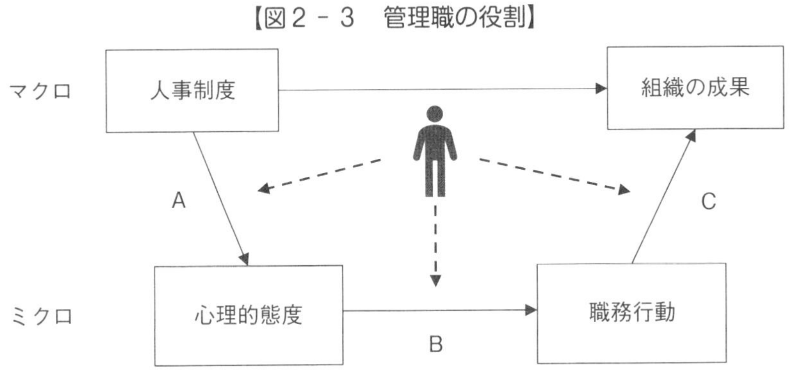

職とそうでない管理職とでは、部下の満足度や動機付けに与える影響も異なるだろう。**図2－3**で示したように、人事制度が組織の成果に直接影響を与えるという経路は、給与や賞与のカット、人員削減などを除くと限定的であり、人的資源管理の多くは、A→B→Cという経路により組織的な成果に与えることが多い（実線部分）。例えば、成果によって給与に差をつける成果給という人事制度によってやる気が高まり、実際に割り当てられた仕事を遂行（職務行動）し、それが部署の売り上げになるといった具合である。

管理職は、A、B、Cのそれぞれに影響を与える（点線部分）。Aは、管理職が人事制度を運用することで、部下の管理を効果的に行うことができる。Bは、やる気があっても、具体的な知識が乏しい部下をフォローをしたり、やる気をなくしている部下を励ましたりすることで職務行動に向かわせるなどの管理業務である。Cは、個々の力を組織力に高めるべく職場をまとめる業務である。職場にいるお互いの状況が理解できていたり、自分達の業務に関する知識を共有したり、教え合うなどのソーシャル・キャピタル（社会関係資本）（Column２－２参照）をつくり上げるために管理職が果たす役割は大きい。特に、中途採用者・高齢者・外国人・多様な雇用形態など職場の人員構成がこれまで以上に多様化しており、ダイバーシティに対する配慮が求められている。

6 おわりに

本章では、人的資源管理を行う場として組織構造を取り上げた。組織構造は人的資源管理を規定する側面がある一方で、割り当てた仕事を遂行してもらうために様々な人的資源管理を用いて組織活動を円滑にする点で人的資源管理が組織構造をつくり上げ、強化する面も併せ持っている。

組織では分業と調整が行われ、同じような仕事をまとめてグループ化することで専門化が進んでいくが、組織が大きくなると組織が細分化・階層化されたり、スタッフ部門を置くなどして効率化を図ろうとする。本章では、４つの分業方法を紹介し、代表的な組織構造として機能別組織と事業部制組織を取り上げた。

前述のように、企業側の論理で考えると組織構造は不確実性のリスクを最小化し、組織としての利益を最大化するために構築される。他方で、組織の中で働く社員の視点に立つと、組織構造の変化は、業務内容とスキル・知識の習得、管理職への昇

Column 2-2

ソーシャル・キャピタル（社会関係資本）

つながりがもたらす力

ヒューマン・キャピタル（人的資本：Human Capital）が本人の学歴や知識、保有しているスキルなど人の能力を捉えるのに対して、ソーシャル・キャピタル（社会関係資本：Social Capital）は、人々の関係性に存在する資源を指す。直訳すると社会資本なのに、「関係」という用語が入るのは、人々の「関係性」の中で存在する資源であるということに加え、公園や道路などの共有の資本を意味する社会資本と区別するためである。ソーシャル・キャピタルは、元々公共政策、社会学など地域の安心安全を議論する際に用いられていたが、後に経営学でも用いられるようになった概念である。

ポール・アドラーとソクーウー・クォンの2人によれば、ソーシャル・キャピタルには5つの特徴がある。1つは、将来の見返りを期待して投資された長期的な資産であること、2つ目は、目的に応じて他の資源に転用可能であること、3つ目は、他の資源への代替・補完機能を持つこと、4つ目はメンテナンスが必要であること、5つ目は、所有権は誰かに帰属するのではなく、関係性の中で「存在」すること、である。例えば、あなたが2人の人から全く同じ仕事をお願いされた時、AさんとBさんで対応を変えたのならば、それはあなたとAさんおよびBさんとのソーシャル・キャピタルが異なるからかもしれない。

ソーシャル・キャピタルの形成と効果

ソーシャル・キャピタルは、組織構造、職位および異動の有無といった公式組織上の影響だけでなく、同期の中でも仲のよい友達や職場の相談相手など非公式組織の影響でも形成されるため十人十色である。経営学では、ソーシャル・キャピタルを構成する要素として、信頼やお互い様という意識、情報共有の程度、社内（外）の知人の数、中心人物か否か等が用いられ、概ねソーシャル・キャピタルが高いと、昇進が速い、賃金が高いなどの結果や、企業レベルでは業績や生産性が高いなどの結果が得られている。

進、他者からの承認機会、業務上で接点を持つ人々との関係性など、様々な変化をもたらす。冒頭のミニケースでの父親の薫の視点は、企業側の視点であるのに対して、娘の葵の発言はフラット化された組織で働く人の視点から見たものであると言える。

人的資源管理が難しいのは、組織の中で働く人々の属性（性別・年齢・国籍・雇用形態の違いなど）だけでなく、何によって動機付けされるのかが人によって異なることである。しかも、IT技術の発達に伴い、自宅やカフェ、レンタルオフィスからでも仕事が可能となり、管理職が部下の仕事ぶりを確認することが難しくなっている。そのため管理職は、部下を画一的に管理するのではなく、個別に状況を確認しなければならず、管理職の負荷は増加傾向にある。

？考えてみよう

① 自分の興味のある会社の組織図を探して、なぜそのような組織構造を採用しているのかを考えてみよう。

② 管理職になりたくないという人が増えている。あなたが経営者だとしたらどんな手を打つだろうか。解決策を考えてみよう。

③ あなたの身の周りの組織（アルバイト先、ゼミナール、部・サークル活動など）は、どのような人間モデルに立って運営がなされているか、考えてみよう。

次に読んでほしい本

☆組織の分業と調整をはじめ、組織デザインを包括的に学ぶには…。

沼上幹（2004）『組織デザイン』日本経済新聞出版。

☆経営組織に関するミクロの視点とマクロの視点の双方を詳しく学ぶには…。

高尾義明（2019）『はじめての経営組織論』有斐閣。

☆組織で起きている現象をどのように測定しているのかを詳しく学ぶためには…。

服部泰宏（2020）『組織行動論の考え方・使い方―良質のエビデンスを手にするために』有斐閣。

第3章

日本的経営の成り立ち

1 はじめに

本章では日本的経営について学ぶ。日本的経営の特徴は人的資源管理にある。「日本は年功序列だ」とか「日本は終身雇用だ」と聞いたことがあるかもしれない。しかし、「年功序列」「終身雇用」という表現は適切ではなく、正しい理解が必要である。以下では、日本的経営の３大要素（長期雇用、年功制、企業別労働組合）とその他の特徴を説明する。また、「能力」と「成果」という、従業員の評価や処遇の基準についても触れる。

2 ミニケース：人事異動と長期の人材育成

３月のある日曜日の午後、薫は自宅のリビングでこの夏の定期人事異動に思いを巡らせていた。

薫（製品開発部の課長が定年退職予定か。それで、後任は……営業部の課長が異動するとの報告があったがどうだろう。確かに、彼もそろそろ他の部署を経験した方がいい頃合いだな。彼を異動させたとして、後任は彼の部下を昇進させてと……。）

お茶の時間になると、葵と樹がやってきた。しばらくして葵が樹に仕事のグチをこぼしはじめた。

葵「はぁ。あいかわらず仕事がつまらないんだよね。」

樹「また言ってるよ。」

葵「毎日、単純な仕事ばかりで退屈なのよ。入社前は、期待しているとか、これから我が社を背負っていってほしいとか言われていたから、もっとバリバリ仕事するのかと思っていたけど。いい？現実は違うのよ。今の仕事では、新しく覚えなきゃいけないことはもうほとんどないのよ。」

樹「新しい仕事を覚えなくていいほうが楽なんじゃないの？　ほかの部署に異動すると大変だよ。」

葵 「人によってはそうかもね。でも私はこの先も今の仕事が続くと思うと気が滅入るのよ。海外勤務の希望が通らなかったら、会社辞めちゃおうかな。」

樹 「せっかく第１希望の会社に入れたのにもったいないよ。転職してもやりたい仕事ができるとは限らないし。でも、日本は終身雇用で年功序列なんだから、今の会社に長くいれば絶対に給料はあがるし、順番がくれば昇進する。とりあえず、退屈でもそこそこの仕事していればいいんじゃない？」

薫（それはちょっと違うんだけどな。）

葵 「でもね、自分の担当ではない仕事を係長に手伝わされるのもうんざり。私の仕事は楽勝で終わるのに。」

樹 「手の空いた人が手伝うのは当然じゃないの？」

葵 「いや、任された人が責任をもって仕事を終わらせるべきよ。係長の仕事が遅いのよ。」

薫（それは係長が仕事を教えているのでは……。）

樹 「でも、海外勤務を希望しても、すんなり通るのかな。」

葵 「確かに……。希望通りになった先輩もいるけど、希望が通らなかったという人も多いかな。ねえお父さん、どうして人事はわかってくれないのかな。」

薫（急に来たな……。）「えっと、人事部門は会社全体のことを考えないといけないからじゃないかな。」

葵 「え？　どういうこと？」

納得のいかない葵に、薫は人事部門の立場と人事異動の意義を説明し始めたのだった。

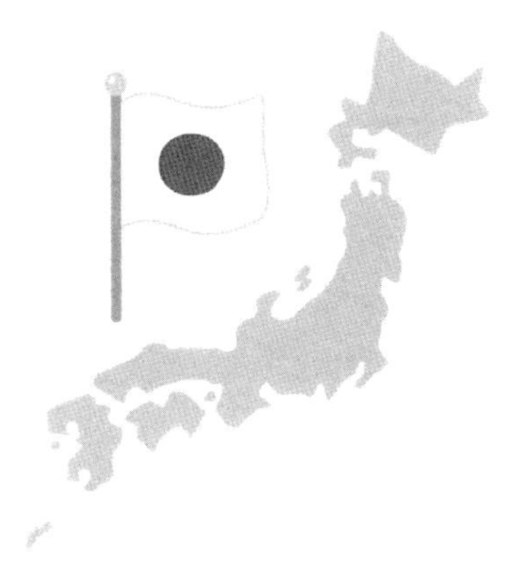

3 日本的経営の「三種の神器」

「日本的経営」とは、日本企業に典型的な経営のあり方をさす言葉である。日本的経営が広く知られるようになったきっかけは、1958年に出版されたジェームス・アベグレンの著書『日本の経営』である。アベグレンは日本の工場を調査し、「終身雇用」「年功序列」「企業別組合」が日本的経営の特徴だと指摘した。そして、これら３要素は日本的経営の根幹をなす「三種の神器」と呼ばれるようになった。しかし、本章冒頭でもふれたが、現在では「終身雇用」と「年功序列」は日本的経営の特徴を正確に表していないとされている。実際には日本的経営の３大要素は「長期雇用」「年功制」「企業別労働組合」である。

日本的経営の３大要素の１つ目は「長期雇用」である。これは、重大な経営危機がないかぎり定年まで解雇しないことを、経営者と従業員の双方が暗黙のうちに了解したうえで、長期にわたる雇用が成立しているということである。

「終身雇用」が正確な表現でないのは、日本企業の実態からかけ離れているからである。「終身」とは一生とか死ぬまでという意味だが、アベグレンの著書が出版された1958年時点で、多くの企業の定年年齢が55歳、男性の平均寿命は約65歳であり、事実上「終身」雇用といってもさしつかえなかった。しかし、男性の平均寿命は延び、2013年以降は80歳を超えている一方、60歳定年が一般的になったが、平均寿命と定年年齢の差が大きく拡大した。これでは終身雇用というには無理があり、長期雇用と呼ぶほうが実態と合っている。

ただし、長期雇用の対象は正社員のみである。正社員の場合は期間の定めのない労働契約（無期労働契約）となり、定年まで契約更新を行う機会はない。すなわち、正社員は何らかの問題がないかぎり定年までの雇用を前提としているのである。これに対して、非正社員（パートタイマー・アルバイト、契約社員など）の雇用契約期間には定めがあり（有期労働契約）、企業は雇用契約期間が終了した時点で契約更新せずに雇用を打ち切ることが原則的に可能である（現在は通算雇用期間が一定年数を超えると非正社員側の申し出により無期労働契約に転換することが可能（第４章Column４－２参照））。

また、日本では経営状況の悪化に伴って企業が従業員を解雇することが難しい。労働基準法上は、企業が30日間の予告期間を設ければ従業員を解雇できる。しかし、経営悪化に伴う解雇にあたっては「整理解雇の４要件」（①経営上、人員削減を行う必要が十分あること、②人員削減以前に、配置転換や一時帰休、希望退職者の募集など、解雇回避の努力がされたこと、③解雇者の選定基準およびその運用が妥当であること、④労働組合や従業員に対し、解雇の必要性、時期、規模、解雇者の選定基準などについて十分に説明、協議していること）を満たす必要がある。つまり、多少の経営状況悪化では簡単に従業員を解雇できないという内容であり、これが正社員の長期雇用の背景に存在する。

日本的経営の２つ目の要素は「年功制」である。「年功序列」がふさわしくないのは、日本企業は完全な「年功序列」といえないからである。文字通りの「年功序列」ならば、年齢や勤続年数に応じて賃金が上昇するとともに昇進していき、後輩が先輩の賃金や役職を追い越すことはないはずだが、現実の状況とは異なる。

一方、「年功制」の意味は人事評価（査定）を伴う定期昇給である。定期昇給とは、毎年ある時期に従業員の賃金が上がることを指す。この際、査定の結果が毎回少しずつ反映されて積み上がっていくため、長期的によい査定結果だった人は先輩の賃金を追い抜くことになる。すなわち、日本の年功賃金のもとでは、平均的に見ると年齢や勤続年数が増えるに従って賃金が上がるが、長期的にみると賃金の個人差が拡大していく。また、昇進にも査定結果が影響するので、先輩の役職を追い抜く人が出てくる。このように「年」と「功」により賃金や昇進が決まるのが年功制の本質である。

日本的経営の３つ目の要素は「企業別労働組合」である。これは企業を単位に組織され、従業員がメンバー（組合員）や役員になっている労働組合を指す。企業の従業員をメンバーや役員とする労働組合であるため、従業員の雇用を重視し、企業の経営状況に強い関心をもつ。それゆえ、企業別労働組合は企業業績の向上に貢献しうる取り組みに協力することが多く、経営者に強硬な抵抗を示すことは少ない。

労働組合の組織形態には、ほかにも同一産業の労働者を企業横断的に組織した産業別労働組合、同一職種の労働者を横断的に組織した職業別労働組合などがあるが、日本の特徴は企業別労働組合が圧倒的に多いことである。ただし、すべての企業に労働組合があるわけではなく、中小企業よりも大企業で労働組合が存在する割合が高い（**表３－１**）。なお、従来は正社員のみをメンバーとする企業別労働組合が多かったが、近年では非正社員もメンバーに含むケースが増えている。

【表３－１　企業規模別労働組合がある企業の割合（2019年）】

（％）

労働組合がある割合	
企業規模計	30.2
5,000人以上	75.5
1,000人～4,999人	61.1
300人～ 999人	31.1
100人～ 299人	21.4
50人～99人	12.0
30人～49人	5.9

出所：厚生労働省「令和元年 労使関係総合調査（労使コミュニケーション調査）」

4 その他の日本的経営の要素

ここでは前述の３つ以外の日本的経営の要素を説明しよう。まず、新規学卒者の一括採用（新卒採用）があげられる。これは、高校や大学などを卒業したばかりの人を、企業が４月にまとめて正社員として採用する慣行を指し、とくに大企業で広く行われている。もっとも新規学卒者の採用自体は日本以外でも行われているが、４月にまとめて採用した新規学卒者を長期間企業内で育成し、管理監督者として内部昇進させていくことが日本の大きな特徴である。

次に、OJT（On the Job Training）にも日本的な特徴が表れている。OJTとは、配属された職場で実際に仕事をしながら仕事のやり方を学んだり、上司や先輩、同僚からアドバイス・指導を受けたりしながら仕事能力を獲得する方法である。もちろんOJT自体は諸外国でも行われているが、日本では長期雇用や年功制とOJTとが相乗効果を生んでいる。

仕事に必要な能力には２種類ある。どの企業でも通用する能力（一般的能力）と特定の企業でしか通用しない能力（企業特殊的能力）である。自社でしか役に立たない能力は、言い換えると、その企業の仕事で特別に必要とされる能力である。実際の仕事では、一般的能力をもつ人はもちろん必要だが、企業特殊的能力をもつ人もある程度求められる。そのような能力は、職場を離れての訓練（Off the Job Training: Off-JT）では身に付かず、その企業の仕事を実際にやりながら時間をかけて養成する必要がある。企業特殊的能力の養成には、雇用期間が長期にわたる方が都合がよいのである。

一方、従業員にとっては、現在の企業を離れてしまうと身に付けた企業特殊的能力が評価されなくなる。そのため、もし簡単に解雇される状況であれば、従業員は企業特殊的能力を高めるのに時間や労力をかけようとしない。だが、前述のように、日本では従業員側もよほどのことがないかぎり解雇されないと理解しているので、従業員が企業特殊的能力獲得のためのOJTを受け入れやすい。

加えて、年功制と内部昇進も従業員に企業特殊的能力を身に付けさせやすい状況をつくる。賃金が年齢や勤続に応じて平均的に上昇し、内部昇進の可能性が高いため、将来の高賃金や昇進を期待して従業員は企業にとどまりやすく、長期的なOJTに有利となる。また、年功制のもとで毎年の人事評価の積み重ねにより従業員の賃金や昇進に少しずつ差がつくが、裏を返せば入社してしばらくの間は同期の間でほとんど差がつかないし、先輩の賃金・役職を超えることも少ない。もし、短期間で評価の高い後輩が先輩の賃金や役職を追い越してしまう状況だと、上司や先輩からOJTで仕事を教えてもらうのは難しい。できる後輩に仕事を教えたら、簡単に追い抜かれてしまうからである。そうすると、仕事の経験が浅い若者は能力を高めることができない。

逆に、年功制のもとでは、できる後輩が上司や先輩を追い抜く可能性が低いため仕事を教えてもらいやすい。まとめると、日本企業は長期雇用と年功制を背景として、採用した新規学卒者に長期にわたるOJTを行うことで、企業特殊的能力を養成しやすい。

OJTによる企業特殊的能力の訓練方法として日本で多く採用されているのが、ジョブ・ローテーションによる柔軟な職務配置である。ジョブ・ローテーションとは、従業員を定期的に別の職場に配置換えすることである。このようにするメリットは、まず、関連する複数の仕事をマスターし、それぞれの仕事の関連を理解すれば、仕事に対する理解が深まる。たとえば、仕事上のトラブルに直面した時に、原因が関連した別の仕事にあることがわかるようになる。また、企業全体や職場全体の仕事の流れを理解することで、組織を動かす仕事である経営者や管理職といった上位の役職に必要な能力が向上する。さらに、様々な仕事ができるようになっていれば、技術進歩や景気の変動などにより、企業から求められる能力に変化があったときでも従業員が対応しやすい。とくに、簡単に正社員の解雇ができない日本企業では、従業員がやっている仕事がなくなったときに、企業が代わりの仕事を用意することが多いため、ジョブ・ローテーションが重要になる。

加えて「QC（quality control）サークル」や「改善活動」などと呼ばれる小集団活動も日本的経営の特徴である。これは、職場で働く従業員が少人数のグループになって、ふだんの仕事を離れて、継続的に製品・サービスの品質や生産にかかわる業務の改善（改善例は**図３－1**に示す）をめざす活動であり、（少なくとも名目上は）従業員が自主的に運営を行っている。そして、小集団活動の成果を披露しあう企業内発表会や、優秀な改善事例の表彰が行われることも多い。日本の製造業で働く工場労働者は、このような小集団活動を通じて企業の生産性向上に貢献することが期待されているのである。

【図３－１　小集団活動による改善の例：内胴溶接のひずみ防止】

改善前	改善後	効　果
経験とカンが必要な作業を	治具を使って	簡単な作業にした
台の上に乗せて、円板と主軸を溶接し、補強板を溶接することでひずみが出たり、又、直角出しに時間がかかる。	円板と主軸を固定治具を使用し、座板を入れて固定することでひずみを少なくする。	・主軸に対しての円板の曲りは5mmから1mm以内になる。 ・機械加工もしやすくなる。

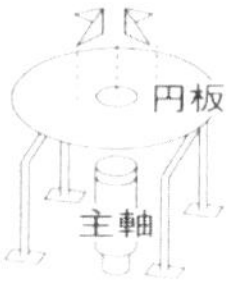

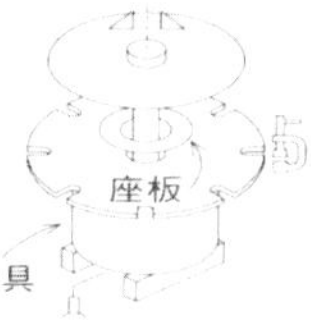

出所：梅崎・南雲（2015）、図4

5 能力主義と成果主義

前述のように、日本の年功賃金の実態は人事評価（査定）を伴う定期昇給であった。しかし、評価基準および評価結果と賃金・昇進の関係についてはここまで触れていなかった。そもそも、各従業員の企業業績への貢献度を正確に測ることが可能ならば、それに応じた賃金を支払ったり昇進する人を決めたりすればよい。だが、話はそう簡単ではない。なぜなら、従業員の貢献度は、その人が置かれた環境や周囲のメンバーによって左右されるし、時間の経過に応じて変化する。さらに、企業側が従業員の貢献度を正確に観測し続けることは簡単ではない。そのため別の評価基準をつくり、それをもとに人事評価を行うことになる。その基準は正確に従業員の貢献度を測れる必要はないし、そもそもそのような基準を作ること自体が不可能

Column 3-1

日本的経営と組織コミットメント

日本的経営の評価が最も高かったのは1980年代だった。当時、日本の大手企業の業績は絶好調で、海外市場に次々と進出するなど、世界的に高い競争力を有していた。そして、多くの研究者により日本企業が高いパフォーマンスをあげられる理由を探る研究が蓄積された結果、日本企業の競争力が高いのは、日本的経営が従業員の組織コミットメントを強めるためだとされた。

組織コミットメントは、個人と組織の心理的距離を表す概念である。組織コミットメントが強い人は組織に定着する意思が強く、組織に愛着をもち、要求以上の仕事を引き受けるなど、組織に深く関与する。従業員の組織コミットメントが高い日本企業はこれらのメリットを享受できた。

従業員の組織コミットメントを強める日本的経営の要素をあげると、第１に長期雇用のもとで勤続年数が長いことである。組織コミットメントは組織に長く居続けると強まる傾向があり、長期雇用のもとで従業員の組織コミットメントは強まりやすい。第２に年功賃金の存在が組織コミットメントを強めると考えられる。勤続とともに賃金が上昇するならば、若いうちに企業を辞めてしまうと将来もらえるはずの高賃金を受け取れなくなる。それゆえ企業に定着したいという気持ちが強まるのである。第３に企業特殊的能力の蓄積が組織コミットメントを強めると考えられる。日本企業の従業員はOJTとジョブ・ローテーションにより、幅広く仕事を経験しながら企業特殊的能力を蓄積する。しかし、企業特殊的能力は企業内では評価されるが、転職する際に企業外の労働市場ではほとんど評価されない。そのため従業員は企業に定着したいと考えるのである。

1990年代以降、日本企業の業績が低迷すると日本的経営の評価も低下した。大企業も雇用調整を行い、成果主義が広まり、非正社員も増加した。現在では、日本的経営にはかつてよりも従業員の組織コミットメントを強める効果はない可能性がある。

である。むしろ、限られた人件費の中で従業員の貢献を引き出し、企業側と従業員の両方が納得できる基準を設定することが重要なのである。

たとえば、能力がそのような評価基準になりうる。能力が高いと評価された従業員を社内序列で上位として、高い賃金と役職を与えるという方法である。実際に日本では1970年代前半から1980年代にかけて、従来のような学歴や年齢などではなく、従業員の職務遂行能力を評価し、賃金等の処遇を決定する能力主義が普及した。

能力主義の核となるのが職能資格制度と職能給である。職能資格制度とは、個々の従業員が保有する職務遂行能力を評価基準として、資格（企業内の役職以外の序列）を決める制度である。そして、その資格に応じて賃金を決める賃金制度を職能給と呼ぶ。

【図3－2　職能資格制度における資格と役職の対応例】

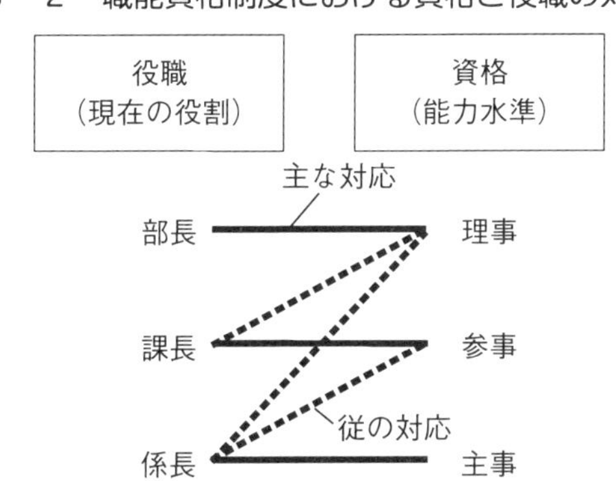

出所：八代（2019）、図表5－10を基に著者一部改変。

図3－2に職能資格制度の仕組みを単純化して示した。典型的には、能力を評価項目とする査定の結果が積み重なっていくことで、上位資格に昇格していく。図3－2に沿っていえば、係長級の能力があるとされれば「主事」、課長級の能力だと「参事」、部長級の能力だと「理事」という具合いである。次に、役職は資格に応じて決定される。部長の役職は理事から、課長は理事または参事から、係長は理事、参事、主事のいずれかから選ばれる。そして、職能給は上位資格ほど高賃金になるが、同一資格内で幅をもたせることが多い。すなわち、各資格内で賃金の下限と上限があり（レンジ・レート）、同一資格にとどまっても賃金がある程度上昇する仕組みである。このように、職能資格制度や職能給は能力評価を積み上げて昇格すれば、役職が昇進しなくても賃金が上昇する制度であり、昇進できない人のモチベーションを下げにくいというメリットがあった。

しかし、1970年代半ば以降、従業員の年齢構成の高齢化とオイルショック後の事業拡大の減速のため、役職ポストの不足が生じることになった。たとえば、職能資格制度で課長級以上の能力があるとされた従業員の多くが課長になれない状況になったのである。また、職能資格制度のもとで職務遂行能力の基準があいまいなため、運用として年齢や勤続で昇格が行われているという批判も生じた。そして1990年代に入り日本経済と日本企業が低迷するなかで、上述の問題を解決するものとして注目されたのが成果主義である。

成果主義とは業績に基づいて報酬や役職を決定するという考え方である。能力主義における能力は長期的に蓄積されるものであり、減少するとは想定されていなかった。一方、成果主義における業績は短期的に上下しうるとされ、業績に応じて賃金や役職が上下することになる。このようにすることでポスト不足や年齢・勤続による昇格という問題の解決が図られたのである。事実、1990年代半ばから2000年代前半にかけて成果主義導入に踏み切る企業が相次いだ。

成果主義の名のもとで導入された制度は様々である。単純なケースでは個人の営業成績や生産性などの短期的な業績を表す数値をそのまま指標とした。個人の業績を単純な数値で表せない、または表すことが適当でない場合には、職能資格制度から役割等級制度に移行した企業もあった。役割等級制度における役割とは、経営戦略から導かれた従業員が期待される行動である。役割等級は役割を企業内の価値に応じて序列化したものであり、戦略が変われば役割も変化するという考え方に立つ。そして、その役割をどれだけ果たしたかを業績とするが、それを目標の達成度で評価することも行われた。ただし、成果主義が浸透したと言われてはいるが、現在も職能資格制度を運用している企業は少なくない。

最後に、能力主義と成果主義に共通する注意点を２つあげよう。第１に、能力や成果を評価基準としても、それらは必ずしも客観的にとらえられるわけではなく、主観が入るということである。第２に、個別企業の制度をとらえる際には注意が必要である。一口に能力主義、成果主義といっても、各企業で導入された制度の実態は異なる。たとえば、成果主義を導入したという企業の事例を調査しても、以前より少しだけ成果で賃金が決まる度合いが増えたにすぎないこともある。能力主義、成果主義という言葉の表面だけをとらえるのではなく、その実態も含めて押さえてほしい。

Column 3-2

日本的経営と組織市民行動

日本の職場では、一応の役割分担はあっても、日常的に他人の仕事を手伝うし、むしろ積極的に手伝いをする人もいる。

組織市民行動（Organizational Citizenship Behavior: OCB）とは、あくまでも自発的に行われる個人の役割外行動のうち、組織や組織メンバーに対する何らかの貢献となる行動を指す。組織市民行動は２つに大別される。１つ目は組織に所属する他人にとって有益な行動（OCBI）であり、たとえば多くの仕事を抱えている人を手助けすることや、新人に仕事のやり方や社内の慣習を教えることなどである。２つ目は組織にとって有益な行動（OCBO）であり、たとえば仕事以外でも自社の製品やサービスを自主的に紹介する、余暇や家庭生活より仕事を優先するなどである。なお、個人にとって有益な組織市民行動が組織内で広く行われた場合も、組織にとって有益な組織市民行動になりうる。

組織市民行動は、組織メンバーの組織コミットメントが強いと生じやすい。それゆえ日本的経営の要素は、従業員の組織市民行動を引き出しやすい。Column３-１でも紹介したが、長期雇用、年功賃金、企業特殊的能力の蓄積は日本企業の従業員の組織コミットメントを強めており、組織市民行動につながりやすい。また、日本企業の従業員はジョブ・ローテーションに基づくOJTをくりかえし、職場全体の仕事の流れを把握できるようになることも大きい。仕事全体を把握しているからこそ手伝うべき仕事がわかるし、他人がやっている仕事を経験しているため容易に手伝うことができる。さらに日本企業では、欧米企業ほど明確に担当する仕事が明確になっておらず、状況に応じて職場のメンバーが担当する仕事もあり、はじめから組織市民行動が期待されている面もある。

一方で、日本では他人の残業に付き合わなければならない雰囲気が強く、査定に悪影響が出ることを恐れて不本意な残業をしている人もいる。組織市民行動は必ずしもプラスの側面ばかりではないのである。

6 おわりに

本章の前半では、日本的経営の様々な要素を説明してきた。説明の都合上、１つずつ順を追って要素を説明してきたが、最後に、日本的経営のそれぞれの要素は互いに関係しあっていることを強調したい。たとえば、年功賃金やOJTとジョブ・ローテーションによる企業特殊的能力の形成は長期雇用を促す方向に働くし、長期雇用だからこそ査定つき定期昇給による長期的な競争によって従業員のやる気を長期間保つ必要があるという具合いである。そのため、日本的経営の何か１つの要素だけを変えようとしたり、急激に変革しようとしたりしてもうまくいかない。日本的経営が変わるとしたら、急激かつ大きな労働関係の法律の改正でもないかぎり、長期間にわたって様々な要素が少しずつ変わっていくと考えられる。

後半では能力主義と成果主義について説明した。重要なのは能力主義であれ、成果主義であれ、労働組合や従業員の納得を得ることが重要だという点である。たとえば成果主義を導入するにしても、従業員が納得できない内容であれば、やる気が低下したり、企業と従業員の関係が悪化したりするかもしれない。人事制度を変えるときには従業員の納得にも注意を払う必要がある。

本章全体を通して、日本的経営に関する多くの用語が出てきたが、一般的に言われているのとは微妙に異なる意味を持つものもあった。それぞれの用語自体がもっているイメージは強烈であり、それに引きずられて理解すると、現状をうまく把握できず表面的にしか議論できなくなってしまう可能性が高い。残念なことに、世の中はそのような議論であふれかえっている。皆さんはそれぞれの持つ用語の意味をしっかり確認しつつ、日本的経営をめぐる議論の是非を判断してほしい。

? 考えてみよう

① 本章の冒頭のミニケースは、現在の仕事に納得がいっていない葵に、薫が人事部門の立場と人事異動の意義を説明するところで終わっているが、具体的に薫は葵にどんなことを説明したのか考えてみよう。

② 日本の年功賃金の実態を、厚生労働省『賃金構造基本統計調査（賃金センサス）』で調べてみよう。その際、企業規模や産業、職種によって賃金の上がり方が異なっていることを確かめ、なぜそのようになっているのかを考えてみよう。

③ 従業員の能力と成果を測る具体的な指標を何人かで考えてみよう。そして、その指標は皆の納得を得られるかどうか、話し合いながら考えてみよう。

次に読んでほしい本

☆成果主義を失敗させ、従業員のやる気を減退させる「やる気主義」について詳しく学ぶには…。

太田肇（2010）『日本人ビジネスマン「見せかけの勤勉」の正体－なぜ成果主義は失敗したか』PHP研究所。

☆初期の成果主義について批判的に学び、日本的賃金制度の優位性を知るには…。

高橋伸夫（2004）『虚妄の成果主義』日経BP。

☆1960 年代後半になされた年功賃金と能力主義をめぐる議論を学ぶには…。

八代充史・島西智輝・南雲智映・梅崎修・牛島利明編（2010）『能力主義管理研究会オーラルヒストリー――日本的人事管理の基盤形成』慶應義塾大学出版会。

第4章

社員区分制度と格付け制度

1 はじめに

企業が社員を適切にマネジメントするためには、まず社内の多様な社員をいくつかのグループに分け（社員区分制度）、社内の「偉さ」によってランキングする（社員格付け制度）必要がある。家づくりには建物のすべてを支える土台が重要であるのと同様に、人事管理の土台となる社員区分制度と格付け制度がしっかりしていないと、土台の上にある採用、配置・異動、育成、処遇等を行うことは難しい。企業は、どのような基準で社員をグループに分け、また社内の「偉さ」を決めているのだろうか。

2 ミニケース：多様な雇用形態と仕事

大学３年生の樹は、今日もゼミ終了後にゼミのメンバー数人と大学近くのカフェでおしゃべりを楽しんでいた。最近の話題はもっぱら卒業後の就職先についてである。

若葉さん「そういえば、樹のお姉さんはアパレルメーカーで働いているんだよね？　私、就職先としてアパレルメーカーに興味があるんだけど、お姉さんは正社員それとも契約社員？」

樹「正社員のはずだよ。お給料は良いみたいだけど、毎日遅くまで働いていて家では愚痴ばっかり。数年後には海外転勤があるかもって、週末は語学学校にも通い始めたみたい。」

桂木さん「海外か。樹のお姉さん、かっこいい。」

若葉さん「私は将来バイヤーになりたくて、正社員を希望しているんだけど、親は転勤のない契約社員の方がいいって言うんだよね。契約社員はバイヤーになれないのかな？　一度、お姉さんに話を聞けない？」

樹「じゃあ、都合を聞いておくよ。」

桂木さん「いまは居酒屋でバイトしているけど、卒業後は正社員で就職したいな。でも、正社員にも総合職と一般職とかあるみたいだし、どっちを選べばよいかよくわからない。募集要項に事務職とか営業職とかSE職とかの区分のある会社もあるし、区分によって給料や勤務時間も違うみたいだし混乱するよ。樹はどうするの？」

樹 「やっぱり正社員かな。父も姉も正社員だしなぁ……。あっ、でも母は派遣社員だ。今の大学の事務の仕事を気に入っているようだけれど、派遣社員だと契約期間があって同じ職場で長く働けないらしい。数年ごとに新しい職場だと人間関係を築くのも大変だし、やっぱり同じ会社で長く働きたいよな。」

若葉さん 「Webで募集要項を見ると、契約社員も樹のお母さんと一緒で契約期間があるみたい。更新は可能と書いてあったけど、何だか不安だな。」

桂木さん 「じゃあ、やっぱり正社員の方がいいんじゃない。バイト先でも同じような仕事をしているのに、アルバイトに比べて正社員の方が待遇が良いことに不満を持つバイト仲間は多いよ。」

若葉さん 「正社員は社会人だけど、私たちは学生だからアルバイトで仕方がないんじゃない。」

桂木さん 「でも、学生でなくてもアルバイトの人がいるよ。フリーターの人は学生じゃないよね？」

樹 「えっ、じゃあ、どうして同じような仕事をしているのに正社員の方が待遇が良いの？　正社員とアルバイトの違いってなに？」

樹は帰宅したら人事部長の父親に詳しく聞いてみようと思った。

3 社員区分制度

◈ 社員区分制度とは

企業は、社員を効果的に確保し、育成し、処遇できるように、いくつかのグループに分け、それぞれに異なる人事管理を適用している。このグループ分けの制度は、社員区分制度と呼ばれる。

例えば、大学であれば、学生の興味・関心に合った学問領域が学べるように学部といった区分があり、学部ごとに教育目標やカリキュラムが設定されている。社員区分の考え方もこれと同じである。企業、とくに大企業では、仕事内容、能力、働き方等が異なる社員が多く存在する。そういった多様な社員に対して企業が求めるもの、また彼（彼女）らが企業に求めるものは多様である。そのため、似かよった社員を同一グループとして扱い同じ人事管理を適用し、異なるグループには異なる人事管理を適用するのである。

◈ 社員区分の基準

では、企業はどういった基準で社員をグループ分けしているのだろうか。皆さんにとって最も身近な社員区分は、正社員と非正社員であろう。正社員と非正社員は、さらに細かく区分され、例えば、非正社員はパートタイマー、アルバイト、契約社員と多様である。

社員区分にどのような基準を用いるかは、社員の多様性によって異なるが、今野・佐藤（2020）によると、以下の４つが代表的な基準である。

第１は、仕事内容（職種）であり、事務職・技術職・営業職、技能職と事務・技術職等に区分する企業がある。このうち、技能職と事務・技術職といった区分は、専門職制度として導入する企業が多い。専門職制度とは、管理職になるだけではなく、高度な専門能力を要する職務に就く専門職を選択できる制度である。さらに採用時に職種を明示する職種別採用をとる企業も増えている。

第２は、働き方であり、短時間正社員、勤務地限定正社員等がこれに該当する。

具体的な基準としては、①フルタイム勤務・パートタイム勤務等の労働時間と、②全国（グローバル）・一定のエリア・事業所（店舗）限定、転居を伴う異動の有無等の勤務地の範囲による区分がある。

第３は、期待される長期的なキャリアであり、正社員の総合職・一般職や国家公務員のキャリア職・ノンキャリア職が代表的な例である。キャリアとは、仕事の積み重ねによって形成されるものを指し、総合職やキャリア職は、将来的に企業や官庁の幹部としての活躍が期待され、そのための準備として基幹的な業務を担当するのに対して、一般職やノンキャリア職は補助的・定期的な業務を担当する。

第４は、キャリア段階である。主に正社員を対象とした基準であり、非管理職層・管理職層、能力養成期・能力拡充期・能力発揮期等といったキャリア段階によって区分される。日本企業の多くは、長期的な雇用を前提に新規学卒者を採用し、企業内で育成を行う。そのため、同一企業で働く正社員であっても新入社員と管理職で異なる人事管理を適用する企業が少なくない。

◈ 社員区分間の均衡問題

実際の企業では、上記の区分基準を組み合わせて活用しており、またそれぞれの社員区分に対してどの程度同じ（または異なる）人事管理を適用するかは企業によって異なる。例えば、専門職制度では、一定のキャリア段階までは同じ処遇制度が適用されるが、管理職と専門職に分かれた後は適用される処遇制度が異なる。また、勤務地限定正社員の場合には、勤務地範囲の限定に関係なく人事評価や教育訓練の機会は他の正社員と同じであるが、昇進や賃金は勤務地の範囲によって異なる場合が多い。

日本企業、とくに大企業では社員が多様化しつつあり、①どのような基準で、②いくつの社員区分を設けるか、③さらに社員区分間でどの程度同じ（または異なる）人事管理を行うかが課題となっている。企業が社員区分に用いる基準や設ける区分数は社員の多様性に依存するが、逆に、企業が社員の多様性をどのように捉え、社内で活躍してもらいたいと考えているのかのメッセージとも言える。また、社員区分は細かく設定するほど、多様な社員により対応した人事管理を行えるが、細かく設定しすぎると、同じ企業で多くの異なる人事管理が用いられ、管理業務は複雑化し、社員区分間の均衡を図ることが難しくなる。さらに、異なる社員区分間で人事管理のどの部分を同一とし、どの部分でどの程度異なる人事管理を適用するかによっては社員区分間の不公平をもたらす。そのため、社員区分を考える際には、様々な面でのバランスを考慮する必要がある。

Column 4 - 1

人材ポートフォリオ

〔多様な社員区分の組み合わせ〕

人的資源管理では、多様な社員区分の設定とその合理的な組み合わせは、人材ポートフォリオとして議論されてきた。人材ポートフォリオとは、企業が最適な戦略や目標を達成するために、事業内容に応じて人材を類型化し、類型ごとに適合的な人事管理を提示するものである。

代表的なものに、「柔軟な企業モデル」（Atkinson, 1984）、「雇用ポートフォリオ論」（日経連、1995）、「人的資源アーキテクチャー」（Lepak & Snell, 1999）などがある。これらの理論は、分析軸の設定などの違いはあるものの、従来の正社員中心型から、非正社員や外部人材の活用を視野に入れた柔軟な人的資源管理を行うべきだという点で共通している。

〔代表例：柔軟な企業モデル〕

例えば、英国の研究者ジョン・アトキンソンは、企業を取り巻く様々な経営環境の変化に対応するために３つの柔軟性を備えることの重要性と、これを実現するための人材の組み合わせとして「柔軟な企業モデル」を提唱している。

アトキンソンは、３つの柔軟性として、労働需要の変動等に対応した従業員数の柔軟な増減を「数量的柔軟性」、多技能・多能工化による新しい職務や業務内容への対応を「機能的柔軟性」、企業の支払い能力に応じた人件費の変動費化を「金銭的柔軟性」として示した。さらに、社内で働く労働者を大きく３つに分類し、①中核グループ（＝主に、正社員）には、迅速かつ円滑な配置転換や育成によって労働者の技能や知識の幅を広げる「機能的柔軟性」が重要であり、②周縁グループ（＝主に、直接雇用の非正社員）と、③外部労働力グループ（＝請負社員や派遣社員等の外部人材）には、労働需要の短期的な変化に対して、労働時間を迅速、安価、容易に増減できる数量的柔軟性が求められるとしている。

4 非正社員と外部人材

◈ 非正社員の基幹労働力化

日本企業では非正社員の雇用が増加している。総務省「労働力調査」によると、2020年の雇用者に占める非正社員の割合は全体で37.2%、女性では54.4%に及ぶ（**図４－１**）。さらに、「平成28年パートタイム労働者総合実態調査」によると、正社員とパートの両方を雇用している事業所のうち、正社員と職務が同じパートのいる事業所の割合は15.7%、また役職についているパートの割合は4.8%である。つまり、企業内で非正社員が担当する仕事は補助的なものから基幹的な業務へと拡大しており、正社員と非正社員との区分の境界が曖昧になりつつある。こうした非正社員の基幹労働力化にともなって、近年、非正社員の活用のあり方や正社員と正社員に近い非正社員との間の均等・均衡待遇の議論が活発化している。

【図４－１　非正社員比率の推移】

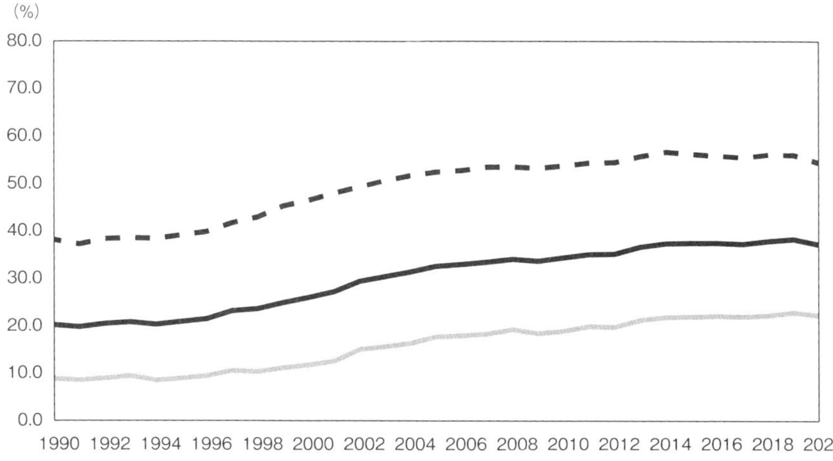

出所：2001年までは総務省「労働力調査（特別調査）」（２月調査）長期時系列表９、2002年以降は総務省「労働力調査（詳細集計）」（年平均）長期時系列表10

企業は、なぜ非正社員を積極的に活用するのか、雇用される側の労働者は、なぜ非正社員を選択するのか。これらの理由は非正社員のタイプによって異なるが、「令和元年就業形態の多様化に関する総合実態調査」によると、企業が非正社員を活用する主な理由は、「正社員を確保できないため」「1日、週の中の仕事の繁閑に対応するため」「賃金の節約のため」「即戦力・能力のある人材を確保するため」「専門業務に対応するため」などである。一方、労働者が非正社員を選択した理由としては、「自分の都合のよい時間に働けるから」「家庭の事情と両立しやすいから」「家計の補助、学費等を得たいから」があり、働き方の多様化を背景に、様々な事情から非正社員を選択している。なお、「正社員として働く会社がなかった」といった消極的な理由による選択（不本意非正社員）が12.8%と一定割合いることにも注意が必要である。

◈ 非正社員の類型化

正社員および非正社員に、法律上の定義は特にない。そのため、一般的に企業では労働契約に雇用期間の定めがない（無期雇用）社員を正社員、雇用期間の定めのある（有期雇用）社員を非正社員と呼んでいる。しかしながら、日本企業の実態は非正社員でありながら、明確な雇用期間の定めがないままに働いている社員や、無期転換ルール（Column４－２参照）により呼び名は非正社員のままで無期雇用に転換した社員などが混在している。

さらに非正社員には、政府統計上の定義、企業による呼び名などにより、様々な類型が存在している。ここでは、一般的によく用いられる非正社員の類型について、それぞれの特徴を簡単に紹介する。

図４－２に示すように、非正社員は、まず勤務している場所（以下、職場）のある企業と直接の雇用関係にある（直接雇用）者と、職場のある企業と直接の雇用関係はなく、他社と雇用関係にある（間接雇用）者に大別される。前者の代表例は、契約社員、パートタイマー、アルバイトである。後者は、派遣労働者、請負労働者がこれに該当し、企業を超えた外部の労働者を活用することから外部人材とも呼ばれる。間接雇用者は、さらに、職場のある企業から指揮命令を受けて働く派遣労働者と、雇用関係のある企業から指揮命令を受けて働く請負労働者の２つのタイプに分けられる。

派遣労働は、一般的な１対１の雇用関係と異なり、派遣元、派遣先、派遣労働者

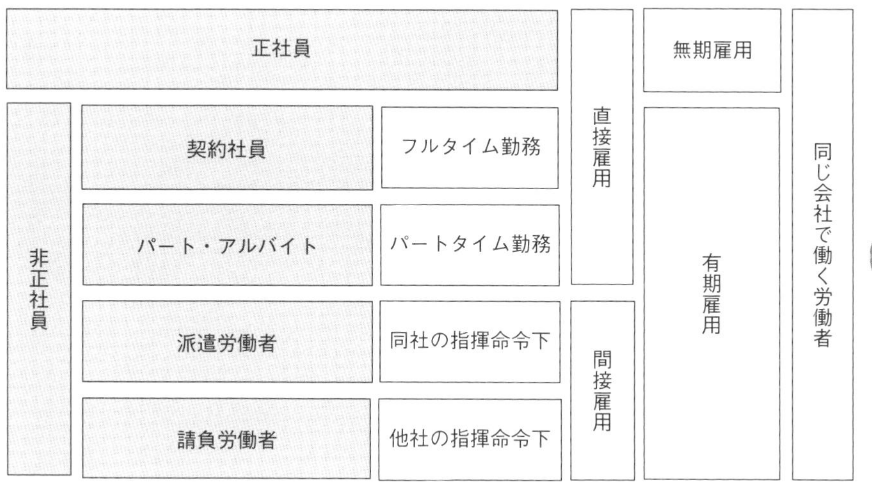

出所：今野・佐藤（2020）、図3.2を基に著者作成。

の３者関係により成り立つ。具体的には、派遣元と派遣労働者との間に「雇用関係」があり、派遣元と派遣先との間で結ばれた「労働者派遣契約」に基づき、派遣元が派遣先に労働者を派遣し、派遣先は派遣元から委託された「指揮命令関係」の権限に基づき派遣労働者を指揮命令する。これに対して、請負労働は、仕事の依頼主である発注先と請負会社との間の「請負契約」に基づいた労働であり、請負労働者は発注先で働く場合もあるが、請負労働者との「雇用関係」と「指揮命令関係」はいずれも請負業者にあり、発注元と労働者との間に「指揮命令関係」は生じない。

では、直接雇用の非正社員である契約社員、パートタイマー、アルバイトにはどのような特徴があるのだろうか。契約社員はフルタイム勤務が主であり、特定職種や専門的能力の発揮を目的として雇用される場合が少なくない。これに対して、パートタイマーとアルバイトは、パートタイム勤務が主であり、業務内容は比較的単純なものが多い。一般的に、パートタイマーは、主婦・主夫が都合のよい時間を用いて、ある程度継続的に働くのに対して、アルバイトは、学生としての本業の傍ら一時的に働くことが多い。ただし、冒頭のミニケースにあるようにパートタイマーやアルバイト等の正社員以外の雇用形態で生計を立てるフリーターと呼ばれる若年者（15歳から34歳まで）も存在し、実際には同じ呼び名でも多様なタイプが混在している。またパートタイマーとアルバイトは法律や政府統計上では区別はな

Column 4-2

無期転換ルール

〔無期転換ルールと導入の背景〕

無期転換ルール（労働契約法第18条）とは、同一の使用者（企業）との間で、有期労働契約が通算５年を超えて反復・更新された場合、その呼称にかかわらず、労働者本人が申し出ることによって、期間の定めのない雇用関係（無期労働契約）に転換できるルールのことである。有期契約労働者（以下、有期社員）とは、１年や６か月単位の有期労働契約を締結、または更新している労働者を指し、一般にパートタイマー、アルバイト、契約社員、派遣社員などが対象となる。

ルール導入の背景には、日本企業における有期社員の基幹労働力化がある。厚生労働省によると、有期社員の約３割が通算５年を超えて有期労働契約を更新しており、有期社員は企業にとって必要不可欠な労働力となっている。そこで、有期社員が安心して働けるように、雇用の安定化を目的に、「無期転換ルール」を盛り込んだ「改正労働契約法」（2013年４月１日施行）が制定されたのである。

〔無期転換ルールへの対応状況〕

無期転換ルールにより、2018年４月１日から有期社員の無期転換申込権が本格的に発生している。一部では、2018年問題とも言われ、その動向が注目されてきたが、同ルールは企業と有期社員にどのような変化をもたらしているのだろうか。労働政策研究・研修機構「無期転換ルールへの対応状況等に関する調査（2019年）」によると、有期社員を雇用している企業のうち無期転換ルールの具体的な内容を知っている割合は77.9%と、その認知は広がっている。一方、具体的な内容を知っている有期契約社員は 35.5%にとどまり、当事者である有期契約社員の認知度の低さが目立つ。また、無期転換ルールを避ける目的で有期労働契約が通算５年を超えないように運用する企業や、無期転換後の正社員との間の仕事や働き方、賃金・労働条件のバランスに苦慮する企業など同ルールの運用には課題は残る。

く、どちらも１週間の所定労働時間が正社員より短い労働者を指す「パートタイム労働者（短時間労働者）」に分類されることが多い。

このほか、よく用いられる非正社員の呼び名として嘱託社員がある。嘱託社員は、定年退職後に一定期間再雇用することを目的に、雇用される労働者を指すことが多い（詳しくは「第10章　退職管理・雇用調整」を参照）。

5 社員格付け制度

◈ 社員格付け制度とは

ここでは、人事管理のもう１つの土台である社員格付け制度について説明する。社員区分制度を大学の学部とするならば、こちらは大学の学年をイメージするとよい。大学では、各学部で学年ごとに履修可能な科目が設定されている。学年が上がるほど習熟度の高まりが想定され、より高度で専門的な科目が履修可能になるとともに、進級や卒業に際して必要な単位数や必須科目等が設けられている。企業も同様に、社員区分ごとにランクを設け、そのランクに応じた人事管理を行っている。

社員格付け制度とは、企業にとっての重要度を表す何らかの尺度によって、企業内の社員の「偉さ」を決め、それに基づいて社員を格付け（ランク付け）する仕組みである。

企業内の「重要さ」の尺度は、年齢、能力、仕事の重要度など様々なものがあり、同じ企業内でも、これらを複数組み合わせて用いることやキャリア段階で異なることがある。何を尺度として用いるかの選択は、「どういう社員を重要と捉えているのか」「社員に何を求めているのか」といった企業の社員に対する基本理念の表明に繋がる。そのため、人事管理を行う上で非常に重要な意思決定となる。例えば、後述のヒト基準の「職能資格制度」と仕事基準の「職務等級制度」では、社員に対する基本理念がまったく違う。以下では、日本企業が主に導入している３つの社員格付け制度について説明する。

◈ 職能資格制度

日本企業が最もよく用いる社員格付け制度は、職務遂行能力（職能）のレベルに応じて資格等級を設定し、その資格等級に社員を格付ける職能資格制度である。職能とは、職務を遂行する上で要求される能力である。

職能資格制度では、職能といったヒトが保有する能力を基準とすることから、ヒトに注目した制度と捉えられる。この制度を採用する企業では、職能資格がすべての人事管理のもとになり、賃金の範囲は資格等級ごとに決まり、等級に見合った職能が評価の基準となる。

図４－３は、いくつかの調査結果をもとに、日本企業の平均的な職能資格制度を作成したものである。資格等級数は平均11ランクであり、大学初任格付けは３等級である。新規学卒者が初めて格付けされる職能資格のことを初任格付けというが、職能資格制度では大卒、高卒などの学歴により保有する能力が違うことを前提として、同じ年度に入社しても異なる等級に格付けされる。職能資格の能力要件は、専門スキル（担当業務、関連業務）と社会的スキルで構成され、上位の等級ほどより高い水準の能力が求められる。

【図４－３　職能資格制度】

職能資格の能力要件			職層	職能資格制度（代表的な資格呼称）	対応役職
専門スキル		社会的スキル			
担当業務	関連業務				
指導できる能力		課題設定能力 対人関係能力	管理職層	11（理事）	部長
				10（参与）	
				9（副参与）	
				8（参事）	課長
			監督職層	7（主事）	係長 主任
				6（副主事）	
一人前の能力			一般職層	5（社員５級）	一般職
				4（社員４級）	
				3（社員３級） 大卒初任格付け	
指導の下でできる能力		意欲・態度		2（社員２級） 短大初任格付け	
				1（社員１級） 高卒初任格付け	

出所：今野・畑井・大木（2003）、図Ⅳ－１－１を基に著者作成。

職能資格制度の主なメリットとしては、第１に、人事異動や組織改編に適しており、組織の柔軟性が保てる。第２に、役職と賃金が連動していないので、すべての社員に平等に昇格や昇給の機会を与えられる。職能資格制度では必ずしも資格等級と役職は紐づいていない。そのため、例えば部長ポストの空きがなかったとしても、部長と同格の職能資格を得れば同等の賃金がもらえる。第３に、社員に様々な職種や職場を経験させることで、ゼネラリストを育成しやすい。

一方、デメリットもある。主なものとしては、第１に、社員の能力は経験を重ねるほど高まることが想定されることから、運用が年功的（勤続年数と比例）になりやすい。第２に、多くの社員が順当に昇給することで人件費が高くなる傾向にある。第３に、発揮能力や成果に応じた処遇ができないなどが挙げられる。

◈ 職務等級制度

日本企業の職能資格制度に対して、米国企業では職務等級制度がよく用いられる。言葉どおり、職務等級制度は職務を基準に等級を設定し、社員を格付けする制度である。具体的には、まず社内にある職務を分析し、職務記述書（ジョブ・ディスクリプション）を作成する。次に、職務ごとに必要なスキル、責任、難易度等をもとに個々の職務の価値を決める。その後、決定した職務価値をいくつかの段階に括り、ランクづけを行い、昇進や賃金決定などの基準に用いる。同制度で格付けの対象となるのは職務そのものであることから、ヒトが保有する能力を基準とする職能資格制度に対して、仕事そのものに注目した格付け制度である。

職務等級制度の主なメリットは、第１に、職務内容が明確であり、担当する社員によって異なったり、曖昧だったりすることはない、第２に、社員は専門性を高めることができ、スペシャリストの育成に適している、第３に、人件費が抑制できるなどがある。

一方、デメリットとしては、第１に、人員配置において柔軟な対応がしづらく、仕事や組織が硬直化しやすい、第２に、仕事が変わらない限り賃金が変わらず、モチベーション維持が難しい、第３に、市場や事業内容の変化により職務内容が変わるたびに職務価値の見直しが必要となり、制度の維持・管理にコストがかかるなどがある。

◈ 役割等級制度

日本企業で導入が増えつつあるのは、職能資格制度と職務等級制度のよいところを合わせ持った、いわゆるハイブリッド型の役割等級制度である。役割等級制度は、担当する職務に対する役割の大きさを基準に格付けを行うものであり、ミッショングレード制度とも呼ばれる。具体的には、全社的な経営目標や経営戦略と連動させながら、それを達成するために、会社が社員に期待する役割について、その責任・権限、難易度、成果の大きさなどを総合的に評価し、等級を決定している。

職務等級制度と同様に仕事を基準とした制度だが、職務等級制度は職務内容が厳格に定義されるのに対して、役割等級制度は果たすべき職務や成果が示され、個々の社員が発揮した成果（達成度）が処遇に反映される。そのため、難易度や重要度が高い仕事で成果を上げれば、それに見合う評価や報酬を得られるといった特徴がある。

6 おわりに

本章では、企業内の多様な社員を効率的かつ効果的に活用するための重要な仕組みである社員区分制度と格付け制度について学んだ。まず、社員区分制度では、企業が区分に用いる代表的な基準をいくつか紹介した。本章冒頭のミニケースからも読み取れるように、実社会では社員の多様化が進んでおり、社員区分は複雑化している。とくに非正社員でその傾向が強いことから、様々な呼び名で雇用される非正社員について類型化を行った。

つぎに紹介した社員格付け制度は、企業内での社員の偉さを決めるものであり、企業が社員に何を求めているのかを示す重要な制度である。似たような用語がいくつもでてきたが、大切なのはそれぞれの用語（制度）の背景にある企業のメッセージを読み解くことである。

グローバル化、人材の多様化などに対応するため、日本企業は新しい人事管理のあり方を模索しており、その土台である社員区分制度と格付け制度の再考が今、まさに進んでいる。就職活動を行う際には、自分はいったいどの社員区分に属するのか、その区分に属することが何を意味するのかを考えてほしい。さらに、将来、皆さんがどこかの会社に就職した際には、企業が社員に何を求めているのかのメッセージを正確に受け取ってほしい。また起業を志している人は、会社が大きくなった時にどのような社員区分を設けるのか、どんなメッセージを発信していくのかを意識してほしい。この章で学んだことが、きっとそれらの役に立つはずである。

? 考えてみよう

① 女性、高齢者の活躍に伴って、生活との調和を図る働き方を求める社員が増加しています。こういった社員に適した社員区分について考えてみよう。

② 日本企業で非正社員の基幹労働力化が進んでいる理由について考えてみよう。

③ 職能資格制度と職務等級制度には、本文で示した以外にもいくつかのメリット、デメリットがある。両制度のメリット、デメリットを整理しながら、自分はどちらの社員格付け制度を用いる企業で働きたいか考えてみよう。

次に読んでほしい本

☆組織目標を達成するために、企業が人材をどのように活用しているのかを学ぶためには…。

ピーター・キャペリ（2010）『ジャスト・イン・タイムの人材戦略－不確実な時代にどう採用し、育てるか』（若山由美訳）日本経済新聞出版社。

☆多様な社員の活用と人材ポートフォリオについて詳しく学ぶには…。

西岡由美（2018）『多様化する雇用形態の人事管理－人材ポートフォリオの実証分析』中央経済社。

☆派遣労働における派遣元、派遣先、派遣労働者の三者関係について詳しく学ぶには…。

島貫智行（2017）『派遣労働という働き方』有斐閣。

第5章

採用・定着

1 はじめに

本章では、企業の採用活動と新入社員の組織への定着について扱う。はじめに企業の採用活動の４つのステップ（人員計画―募集―選抜―内定者フォロー）を説明する。次に、採用した新入社員をどのように当該企業に定着させていくのかについて、新入社員の定着に関する理論である組織社会化（organizational socialization）論を説明し、組織が新入社員を自社の社員らしくしていく過程を他者（社会化エージェント）や組織からの働きかけ（社会化戦術）の観点から述べる。

2 ミニケース：就職活動と入社

就職活動を控えた大学３年生の樹は、そろそろ就職活動に備えて、自分のやりたい仕事について考え始めなければならないと思い始めていた。そこで社会人２年目の姉・葵に会社での仕事生活について話を聞いてみることにした。

樹「仕事どう？　楽しい？」

葵「どうだろうなぁ。仕事が楽しいかって言われたら、楽しくないかもね。だって、もともとやりたかった仕事ができているわけじゃないから。」

樹「どういうこと？　やりたい仕事ができるから、今の会社に入ったんじゃないの？」

葵「そうだね。会社説明会の話を聞いて、話してくれた人事部の方の印象も良かったから、こういう人が多い会社なのかなって思ったし、「こんな仕事がしたい！」と思える仕事もあったんだけどね。ただ、実際に入社してみたら、配属は自分が「やりたい！」と思える仕事ができる部署じゃなかったんだよね。」

樹「何それ。会社説明会では嘘言ってたってこと？」

葵「嘘は言ってないんだよ。入社後すぐに自分がやりたいと思っていた仕事ができるかって言ったら、それはなかなか難しいっていうことなんだよね。だから、今は入社前の期待が入社後の現実に裏切られたって感じで、少しモチベーションは下がっているかな。そういう意味で「仕事は楽しくないかも」って答えたんだよね。でも、一緒に働く人達に救われているかな。上司も尊敬できて、何でも相談できるし、同僚もいつも声をかけてくれて、本当に助かってる。そういう意味では、人間関係も良いし、会社の雰囲気は好きだし、上手く馴染めてる気はするよ。何事にも自分から積極的に行動するようにしているし。あとは、将来、やりたい仕事ができるように、頑張っていくしかないね。」

樹「なんか、いろんなことに対応しないといけないし、なかなか思い通りに行かないというのが社会人ということなんだね。」

葵の仕事生活の現状は、樹にとって就職活動を前に社会人として働くということを深く考える機会になったようだ。

葵のようなケースは、日本企業に就職する場合には、実に多く存在する。採用説明会での企業からの情報提供、それとは異なる入社後の現実、仕事になじむことと会社の雰囲気になじむこと、人間関係の重要性など、入社後の仕事生活に関わる多くのキーワードが出てきた。なぜこれらの要因が生じたり、重要になるのだろうか。

3 企業の採用活動のプロセス

企業の採用活動の機能は、人と仕事（もしくは組織）のマッチングである。それゆえ、いかに自社の文化や業務に適し、パフォーマンスを発揮してくれる人を採るかが重要になる。

企業の採用活動には、主に4つのステップがある。第1ステップが、人員計画（要員計画）である。これは、主に次年度に採用する人数を決定する活動を言う。基本的には、前年度に退職した人数と類似した人数を採用することが多いが、企業の業績や変革の計画、経済状況などの要因によって予定する採用人数は増減する。また、当該企業が、将来どのような事業を展開していきたいのか、そのために求められる人材はどのような人材かなど、経営戦略との整合性も重要になる。そのため、ここは人事部門よりも経営陣の意向が大きく反映されるステップと言える。

人員計画が定まると、次の第2ステップが、募集である。募集は、企業が求める人材にターゲットを絞り込み、応募者を集めるステップであり、具体的には、採用開始時期の決定、募集回数の決定、募集方法、募集時に提供する情報を決定し、実践する段階である。このような行動を母集団形成と呼ぶ。企業は、この母集団形成を重視する傾向があり、自社が求める良い人材が多い良質な母集団を形成することが、採用活動の成否に大きな影響を及ぼすことになる。

就職活動を行う学生らが企業と関わりを持ち始めるのが、この第2ステップからとなる。とりわけ、自社の仕事と人材のミスマッチを防止するためには、この段階の情報提供が重要である。これが現実的職務情報の事前提供（realistic job preview：RJP）の議論である。しかしながら、日本企業の新卒一括採用のあり方では、入社後どのような部署に配属され、どのような仕事を割り当てられるのかは不明な場合が多く、実際には仕事の正確な情報を提供することは難しい。それゆえ、日本企業の場合には、どのような会社なのか（realistic organization preview：ROP）、どのような人達が働いているのか（realistic member preview：RMP）、どのようなキャリアパスがあるのか（realistic career path preview：RCP）など、より広範な情報の提供が求められている。

良質な母集団形成を可能にする情報提供に関しては、経営層が関わることが重要である。人事部門主導で情報を提供するのではなく、経営層がどのような情報を提供すれば良いか、どこまでの情報を提供しても良いかを提示することで、より正確で良質な情報提供が可能になり、それが良質な母集団形成につながる。また、経営層が応募者の前に出て、どのような事業を展開し、どのような理念やビジョン、戦略のもとで経営活動を行っているのか、その事業を成功させるためにどのような人材が欲しいのかを応募者に直接語ることは説得力がある（尾形、2015）。

母集団形成が終わると、次の第3ステップが、選抜である。選抜とは、どこに着目して面接を行うのか、誰が面接を行うのか、面接重視か筆記試験重視かなどを決め、実践する段階である。面接には、人事部門だけではなく、実際に新入社員が配属される予定の部門の社員に入ってもらうことも多く、他部門との調整なども人事部門の重要な仕事になる。

また、昨今では、オンライン面接の必要性が高まり、地理的な難しさは克服できる反面、面接者と被面接者の双方にとって採用面接の困難さが増している。そのような選抜の難しさや曖昧性から脱却すべく、いかに科学的根拠に基づいて、自社に適した人材を見抜くのかも重要なテーマとなっている。選抜の精度は、今後、AIの導入により高まる可能性が高いが、選抜のあり方が大きく変容する可能性も高く、新たな問題が生じる可能性も潜んでいる。

内定者が決まれば、そこで採用活動が終了するわけではない。第４ステップが内定者フォローである。内定者フォローは、自社に欲しい人材をどのようにして入社まで確保し続けるかに関する段階である。就職活動を行う学生は、自分が納得のいく企業から内定を得るまで就職活動を続ける傾向がある。それゆえ、企業側としては、最終的に自社への入社を意思決定してくれるように定期的に連絡を取り状況を確認したり、内定者を集めて懇親会を行い、同期意識を醸成させたりして、自社に入社する意欲を高める努力を継続しなければならない。つまり、自社の魅力を高め、内定を出した個人を入社させるまでが重要な採用活動となる。近年、社会問題となっている「オワハラ（就活終われハラスメント）」は、この段階で生じる問題である。

ここまで企業の採用活動の４つのステップについて見てきた。しかし、企業の全てが、毎年４つのステップをたどるわけではない。例えば、不況時は、企業は採用を抑制して人件費を削減しようとするため、募集を行わないこともある。その結果、

【図５－１　採用プロセスとキーワード】

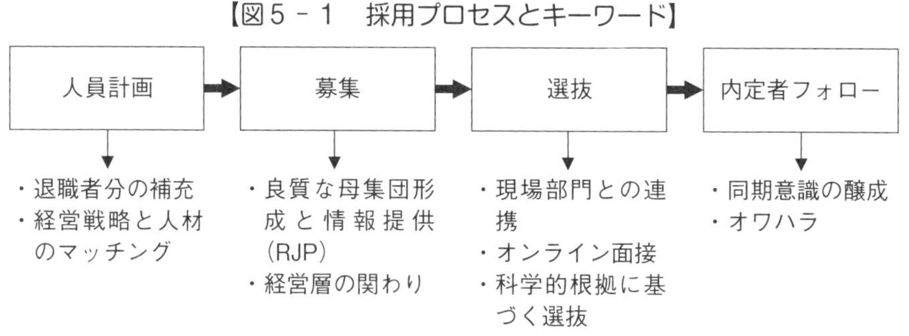

社会全体で見ると学生１人当たりいくつの求人があるのかを示す新卒有効求人倍率は、１倍を切ることもある。また、大学生と高校生では、企業の採用活動は大きく異なるし、理系学部の大学生と文系学部の大学生では、募集内容や選抜方法も異なる場合がある。さらに、企業の採用活動は、新卒採用だけではなく、経験者の採用（中途採用）もある。とくに中途採用では、入社後のミスマッチを解消するために自社の従業員や知人に対して、自社に合致した人材を紹介してもらうリファラル採

Column 5-1

就職と就社

日本企業の新卒採用は、新規学卒者の一括採用、いわゆる新卒一括採用と呼ばれる採用方法が長く続いていた。新卒一括採用とは、就業経験のない新規学卒者を対象に一定の期間内に集中して募集・選考を行う採用方法のことを言う。日本企業の多くは、長期雇用を前提としており、同質的な人材で構成された集団となっている。そのため、組織に同化するには、就業経験のない白紙の状態である新卒者のほうが自社の色に染め易い。集団主義や和を尊ぶ日本的な採用のあり方であり、どのような知識やスキルを有するかよりも人間性を評価の軸に置いている。それゆえ、日本型はメンバーシップ型の採用方法と言われる。

新卒一括採用の場合、入社後、自分がどのような仕事に携わるのかわからない場合がほとんどである。つまり、自分が働く会社は決まっているが、自分がどのような仕事に就くのかわからないのである。そこが、就職ではなく就社と呼ばれる理由である。特別な知識やスキルを有していない分、入社後に多くの部署を経験させ、自社に求められる多様な知識やスキルを有するゼネラリストとして育成するため、内部労働市場は豊潤化できる。

入社前にどのような仕事に就くのかをある程度示して募集する採用方法として職種別採用があげられる。採用される側は、自分がどのような職種に携わるのかが明確であるため、就社に対して就職であり、ジョブ型の採用方法と言える。また職種別採用では、同職種に求められる適性や知識・スキルをあらかじめ提示し、採用する場合もありスペシャリスト型の採用方法とも言える。さらに、企業は組織内で欠員が出た場合には必要な即戦力を外部から採用するために、中途採用を行うこともある。中途採用は、日本においてバブル崩壊以降に徐々に一般的になった採用方法で、新卒採用に比べれば歴史は浅いため、教育制度や定着サポートが未整備の企業が多く、中途採用者への組織的サポートの整備が求められている。

用が注目されている。企業ごとに就職後に携わる業務も、求められる知識やスキルも異なることから、企業にはそれぞれに合った採用活動が求められる。

4 組織社会化

新入社員が入社してくると、次に企業がしなければならないことは、採用した個人を上手く会社になじませることである。経営学の中でも入社した個人が組織になじむ過程に焦点を当てた研究領域が、組織社会化（organizational socialization）論である。組織社会化を学術的に定義すると「新しいメンバーが、組織やグループの価値システムや規範、要求されている行動パターンを学び、適応していくプロセス」となる。

組織社会化は、その内容によって大きく、①入社した会社の組織文化や暗黙のルール、慣習などを理解し、それに基づいて行動できるようになる文化的社会化（cultural socialization）と、②個人が携わる仕事に関する知識やスキルを習得し、パフォーマンスを発揮できるようになる職業的社会化（occupational socialization）の２つに分けられる。簡単に言えば、新入社員は、「組織文化」と「仕事」の双方に社会化されなければならない。

組織社会化は、組織の文化や仕事の知識、スキルを習得する過程を指すため、学習の過程とも言うことができる。組織社会化研究において組織に参加した新入社員は、組織社会化過程で10項目程度のことを学ぶ必要があると言われている（**表５**

【表５－１　組織社会化過程の学習内容の分類】

学習内容	1．仕事に関する知識、スキル、能力、言語
	2．組織や部門の役割
	3．競合他社や取引相手、顧客、支店、子会社などの外的環境・ネットワーク
	4．組織内、職場内の人間関係
	5．職場の同僚に関する名前、地位、趣味や性格、バックグラウンド
	6．組織文化と職場文化
	7．組織内政治と職場内政治
	8．伝説や儀式などに関する組織の歴史
	9．組織や職場で評価される、あるいは評価されない行動パターンや具体的な評価方法・評価基準
	10．組織内、職場内、顧客から求められる自分自身の役割

出所：尾形（2008）、表３

－１）。

表５－１の10項目の学習内容を新入社員は、どのような方法で学習するのだろうか。そこには、大きく２つの方法がある。１つ目は、「経験学習」である。新入社員は組織に参加し仕事やメンバーとのやりとりを経験することで仕事や組織の文化・慣習を学習する。そのため、新入社員には良質な経験を積ませることが組織社会化を促進させる上で重要になる。２つ目の学習方法は、「観察学習」である。この観察による学習は「社会的学習」とも呼ばれ、経験学習と同等に、重要な学習手段となる。そもそも"学ぶ"とは、他者の行動や動作を真似すること、つまり"真似ぶ"ことと強い関係があるとされている。それゆえ、新入社員は、多くを学ぶことができる複数のロールモデルを持つことで組織社会化を促進させることができる。

この組織社会化過程における初期適応課題として取り上げられるのが、リアリティ・ショック（reality shock）である。リアリティ・ショックとは、組織参入前に形成された期待やイメージが、組織参入後の現実と異なっていた場合に生じる心理現象で、新入社員の組織社会化にネガティブな影響を与え、早期離職を引き起こすものと捉えられている。

リアリティ・ショックは、採用活動時の企業からの情報提供と強い関連性がある。ジョン・ワナウス（1992）は、新入社員が入社前に抱く仕事への期待が、非現実的なことから生じるのがリアリティ・ショックであるため、このような非現実的な期待を抱かせないことが重要であると主張した。そして、入社前の非現実的な期待を抑制するためには、採用活動中に自社の仕事のネガティブな面も含めた正確な職務情報を、採用希望者に提供することを提唱した。それが先にも出てきたRJPである。RJPには、自己決定・自己選択を支援するスクリーニング効果、組織での現実にともなう幻滅感を和らげるワクチン効果、入社した組織への愛着や一体感を高めるコミットメント効果、入社後の役割期待をより明確かつ現実的なものにする役割明確化効果の４つがあるとされており（Wanous, 1992）、若年層の早期離職を抑制できることが実証されている。

採用プロセスに関する情報源には、RJP以外にもインターンシップやOB・OG訪問などが入社前の正確な期待の形成に有益であり、入社後の組織社会化にポジティブな影響を与えることが指摘されている。このように考えると、組織社会化は、組織に参入する前から開始されており、そのような組織社会化に影響を及ぼす前段階を予期的社会化（anticipatory socialization）と呼ぶ。組織に上手くなじませるためには、この予期的社会化の段階が重要となる（尾形、2020）。

Column 5-2

リアリティ・ショック

リアリティ・ショック（reality shock）とは「入社前に形成された期待やイメージが、入社後の現実と異なっていた場合に生じる心理現象で、新入社員の会社への愛着や組織社会化にネガティブな影響を与え、早期離職に繋がる要因」と捉えることができる。このリアリティ・ショックには、多面性がある。ここでは、リアリティ・ショックの「構造」に着目し、その多面性について見ていくことにしたい。リアリティ・ショックは、先述したように、入社前の期待やポジティブなイメージが、ネガティブな現実に遭遇することで生じる現象と捉えられている。これが一般的なリアリティ・ショックの構造であり、これを「既存型リアリティ・ショック」と呼ぶ。一方で、入社前に厳しい現実が待っていると期待が抑制されている個人や厳しい現実を覚悟している個人もいる。そのような厳しい現実への覚悟をさらに超えてくる過酷な現実に遭遇する場合に生じるリアリティ・ショックも存在する。例えば、医師や看護師は、学生時代から臨床経験を積み、現実の厳しさをよく理解している。それにもかかわらず、リアリティ・ショックに遭遇する個人は多い。このような専門職従事者が多く遭遇するリアリティ・ショックの構造を「専門職型リアリティ・ショック」と呼ぶ。さらに、厳しい現実が待っているだろうと覚悟していた個人が、現実はそれほど厳しいものではなく、意外と拍子抜けするケースも存在する。このようなリアリティ・ショックの構造を「肩透かし」と呼ぶ。最後に、入社前の期待をさらに超えるポジティブな現実に遭遇する場合もある。これは良い意味で期待が裏切られるケースであり、「ポジティブ・サプライズ」と呼ぶ。

このように、入社前の期待と入社後の現実の組み合わせの構造の違いによってそれぞれリアリティ・ショックの性質が異なる。

5　社会化エージェント

入社したばかりの新入社員には、多くの学習課題や克服しなければならない課題がある。これらの課題を新入社員１人の力で克服することは困難を伴うことから、その克服をサポートする他者の存在が重要となる。そのような新入社員の組織社会化課題の克服をサポートし、組織社会化を促進する役割を果す存在を、社会化エージェント（socialization agent）と呼ぶ。

まず、新入社員の組織社会化に重要な役割を果たすのが「上司」である。初めて仕事をする新入社員にとってどのような仕事を任せられるのか、どのような教育を受けるのかは、その後のキャリアを左右する重要な要素になる。そのため仕事の割り当てを決めたり、教育を施す上司は、新入社員の組織社会化に重要な役割を果たすことになる。また、上司は組織や仕事、新入社員のキャリアに関する重要な情報を持ち、新入社員の組織内キャリアに直接的な影響力を持つため、新入社員の組織内キャリア発達に重要な役割を果たすことになる。

仕事を行う上で最も頻繁に接触する「同僚」も、重要な社会化エージェントである。新入社員は職場でのOJTを通じて仕事に関する知識やスキルを学び、そこでなされるフォーマル／インフォーマルなコミュニケーションを通じて、暗黙のルールや文化的知識を獲得する。同僚から得られる情報や指導は、よりテクニカルであったり、人間関係の生々しい情報などが含まれていることが多く、上司から得られる情報とは異なるものとなる。組織に参入したばかりの新入社員は、職場の同僚から仕事に関する支援や精神的支援を受け、様々な情報を獲得し、組織への社会化が促進されることになる。

さらに「メンター（mentor）」も重要な役割を果たす。メンターとは、若手の重要な任務を遂行するのを支援し、導き、助言を与える年配者のことで、新入社員の仕事生活やキャリアの支えとなるような尊敬できる他者のことを言う。メンターは、新入社員と同じ部署に所属する個人とは限らず、異なる部署や異なる会社に所属している場合もある。新入社員にとってメンターという存在が近くにいれば、当該組織内でのキャリア展望を抱くことが可能となり、同時に組織社会化を促進することも可能になる。

最後に「同期」の存在である。同期は、上司や同僚とは全く異なる存在であり、上司や同僚からは得られないような情報を入手することが可能になる。また、同期は、同じような境遇に置かれている場合が多く、抱えている問題や悩みも同じで心理的な支えにもなり、上司や同僚には相談できないようなことを相談することができる。また、同期はモノサシとして自分自身の成長度合いや現在の立ち位置を把握する比較対象にもなる。つまり、同期は上司や同僚とは全く異なる役割を果たす存在になり、お互いの組織社会化を促進し合う社会化エージェントになる。

以上のような重要な他者が、新入社員の組織社会化を促進する社会化エージェントとなる。新入社員は、このような重要な他者と良質な関係性を構築し、多くの社会化エージェントを持つことで組織社会化を促進させ、より良い組織内キャリアのスタートを切ることが可能になる。

ここまで示してきた重要な他者だけでなく、新入社員を組織に上手くなじませようとする組織からの働きかけも社会化エージェントに分類することができる。このような、組織が参加したばかりの新入社員を当該組織のメンバーらしくするための働きかけのことを組織の社会化戦術（socialization tactics）と呼ぶ。簡単に言えば、会社の初期人材育成の方針・方策のことを指す。近年、実務上では、新しい環境に参加してくる個人をサポートし、組織に上手く適応させるための組織からの働きかけをオンボーディング（On-boarding）と呼ぶ。

オンボーディングとは、船や飛行機に乗っているという意味であり、それを会社に例えたものである。会社という乗り物に新しく加わった個人を同じ船（会社）の乗組員として、馴染ませ、一人前にしていくプロセスのことで、社会化戦術と同義である。それぞれの組織が、新入社員に対してどのような社会化戦術を施すのかによって組織社会化に多様性が生じる。例えば、自衛隊で新入社員研修を行う企業もあり、それぞれの企業が独自の入社式や新入社員研修を行っている。自衛隊で研修を受けた新入社員と座学で社会人マナーを学んだだけの新入社員では、仕事や同僚、顧客に対する考え方や振舞い方が異なり、その組織社会化の程度や内容に相違が生じることは推測し易い。さらに、若年就業者の早期離職を防止するために企業が実施しているメンター制度やブラザー・シスター制度も新入社員の組織社会化を促進する社会化戦術と言える。このような会社の儀式や人材育成施策といった組織からの働きかけ（社会化戦術）が、新入社員の組織社会化を促進する社会化エージェントになる。

しかし、そのような環境に頼るだけでなく、新入社員自身の能動的な行動も必要である。そのような新入社員自身が積極的に組織になじもうとする行動をプロアクティブ行動（proactive behavior）と呼ぶ。プロアクティブ行動とは、「個人が自分自身や環境に影響を及ぼすような先見的な行動であり、未来志向で変革志向の行動」と定義されている。尾形（2020）では、プロアクティブ行動として、革新行動、ネットワーク活用行動、フィードバック探索行動、積極的問題解決行動の４つを取り上げており、これらが若年就業者の組織適応に有意義であることが示されている。このように、社会化エージェントからの支援を待つだけではなく、新入社員自ら積極的に支援を求めたり、問題解決に取り組んだりすることで、組織社会化を促進することが可能になる。人事部門には、良質な社会化エージェントの提供だけでなく、新入社員がプロアクティブ行動を取り易い環境を整備することも同時に求められている。

6 おわりに

本章では企業の採用活動と新入社員の企業への定着について論じてきた。良い人材を多く採用できれば、企業の業績や将来性にもプラスであり、反対に、良い人材を採用できず、競合他社に流れることがあれば、企業の業績や将来性にとってもマイナスである。日本では昔から中卒の7割、高卒の5割、大卒の3割が3年以内に離職するという「七・五・三現象」が問題視されており、入社後の配属環境にも企業は目を配る必要がある。

良い人材を採用し、定着させ、長く組織に貢献してくれる人材に育成するまで、長期的に有意義な施策を実践し続けることが重要である。採用―定着―育成という長期的なスパンで取り組むエントリー・マネジメントをしっかりとデザインし、実践することが人事部門の重要な役割である。

？考えてみよう

① 企業の採用活動において良い人材が多い母集団を形成するためには、どのような工夫が求められるだろうか。考えてみよう。

② リアリティ・ショックを抑制するために個人（学生）ができることは何か。考えてみよう。

③ 企業が新入社員を上手く社会化させるためには、どのような工夫が求められるだろうか。具体的な施策を考えてみよう。

次に読んで欲しい本

☆採用活動の意義や実際に行われている企業の多様な採用活動などについて詳しく学ぶために…。

服部泰宏（2016）『採用学』新潮社。

☆若年就業者の組織への社会化や適応について詳しく学ぶために…。

尾形真実哉（2020）『若年就業者の組織適応：リアリティ・ショックからの成長』白桃書房。

☆中途採用者の組織への社会化や再適応について詳しく学ぶために…。

尾形真実哉（2021）『中途採用人材を活かすマネジメント：転職者の組織再適応を促進するために』生産性出版。

第6章

評　価

1　はじめに
2　ミニケース：評価の仕組み
3　評価基準・内容
4　評価手法
5　多面評価、フィードバック、バイアス
6　おわりに

1 はじめに

アルバイトなどの仕事を経験すると、自分が仕事をきちんとできているか心配になることも多いだろう。一生懸命に頑張って結果を出せれば、給料も上がり、褒められることもあるが、大きなミスをすれば自分には才能がないと落ち込むかもしれない。評価はこうした仕事のやる気にもかかわるし、結果次第では将来の収入にも関わることもある。では、評価とはいったいどのようなものなのだろうか。具体的にみていこう。

2 ミニケース：評価の仕組み

樹は大学のサークルに必要な経費を稼ぐため、学習塾で講師のアルバイトをしている。個別指導が売りの塾で、自身もその教室で生徒として通っていたため勝手も分かり、生徒の気持ちにも寄り添えているつもりだ。この春、アルバイトを初めて丸２年が経ち、雇用契約の更新があった。その際、教室長から時給アップの報告を受けた。

教室長 「杜野さんは、うちのこともよく分かっているし、受験シーズンにも３人の受験生を志望校に合格させてくれたから、これからは時給を50円アップするよ。」

樹 「本当ですか、ありがとうございます！」

教室長 「これからは教室の運営についても手伝ってもらおうと思っているんだ。期待しているから、これからも生徒たちのために頑張ってくれよ。」

樹 「これまで先輩がやっていたお仕事ですよね。保護者の応対は特に責任ある仕事なので、頑張ります。」

樹は、教室長に認められ、責任ある仕事を任せられたことを素直に喜んでいた。しかし、後日、フットサルサークルの仲間で、たまたまアルバイト先も一緒の柿崎さん（カッキー）とした会話の内容が気になった。

柿崎「樹も時給上がったんだ、よかったな。俺も50円アップしたよ。同じ仕事を続けるだけなのに給料アップするのは嬉しいよな。」

どうやら、カッキーも同じ時給になったようだが、教室運営は担当しないようだ。樹は思った。「どうして同じ時給で働くのに、仕事の内容が違うんだろう。そういえば、確かカッキーが昨年度担当した受験生は1人だけだった気がする。時給は高い結果を出した人だけ上がるものではないんだろうか。」一度は嬉しかった時給アップなのに、今はなんだかもやもやしてしまう。どうやら、仕事の評価は大学の成績や、偏差値のように単純なものでもないらしい。

その後、部屋を整理していたら、アルバイトを始めた時の研修資料や契約書などを見つけた。そこには、時給のルールについての簡単な説明もあった。どうやら、担当している生徒の成績や進学実績、勤務時間、毎年受ける学力確認テストの成績、そして教室運営を担当しているかどうかが時給アップには重要らしい。そういえば、カッキーは英語がよく出来る。それであの時給になったのかと納得できた一方で、自分はどうやって評価されて50円のアップだったのか、評価の仕組みを知りたくなった。

3 評価基準・内容

◈ 人事評価の概要

大学生の重要な関心事として、試験の成績がある。よい成績が取れれば素直にうれしいし、自分のこれまでの努力が報われたと思え、より難しい講義を履修してみようと思えるかもしれない。逆に単位を落とした時には、採点結果に不満を持ち、学習意欲が減退することもあるかもしれない。このように、評価には人の気持ちや行動を大きく変えることがあるが、それだけではない。

人事評価とは、従業員の日常的な勤務や実績について、その能力や仕事ぶりを評価し、報酬や配置の決定に結びつける手続きのことを指す。人事評価は、人事考課、人事査定、アセスメントとも呼ばれ、評価という仕組みを通じて従業員として望ましい態度・行動を促したり、企業の理念や経営方針に沿った人材像を示すことによって、その企業にとって「どのような人材が必要か」というメッセージを届けてくれるものである。大学の講義でも、議論への参加を重視するものや、レポート提出が必須のものがあって、講義ごとに「どのように講義に臨んでほしいか」は異なる。企業の人事評価にもこれと同じような役割がある。

人事評価は「組織を映す鏡」（高橋、2010）とか「働き方の道しるべ」（今野・佐藤、2020）と言われる。人事評価制度をきちんと策定し、評価の方針や基準というものを示すことによって、その企業がどのような組織なのかを知ることも、どのような働き方が求められているかも、そして企業がどのような人材になってほしいと思っているかも知ることができるもっとも分かりやすい手段といえる。

◈ 人事評価の目的

企業が人事評価を行うそもそもの目的は、従業員１人ひとりをよく知り、その人の仕事ぶりや企業への貢献度を正しく把握することである。経営者や管理職（評価者）が、毎日常に従業員（被評価者）の働きぶりを観察できるわけではないので、定期的にどこでどのような従業員がどのような仕事ぶりなのかという情報を知る必要があり、そのために予め定めた基準によって従業員の仕事ぶりを把握する。では、なぜ人材を把握する必要があるのだろうか。

それは、把握した情報をもとに、基本給や賞与、昇進・昇格といった処遇決定や選抜を行うからである。通常、四半期（３カ月）、半期（半年）、１年という一定期間の働きぶりを評価し、その結果によって短期的には給与や賞与に、長期的には配置や昇進・昇格に影響を与える。企業では、将来誰を昇進させるか、誰に賞与をたくさん支給するかなど、多くの場面で従業員間に差をつけなければならない。企業の資源、例えば人件費として支払える金額や、役職の数には限りがあるため、全員が良い待遇を受けられるとは限らない。このため、処遇を決定するということは、同時に選抜の役割も持つ。つまり、従業員同士の競争の中で、優れた人材を見つけ、抜擢するために評価は重要な役割を果たす。

また、この処遇決定には適正配置も含まれる。例えば顧客折衝能力のある人を営業部に配属する、商品知識のある人をマーケティング部に配属するといったものである。社内にある能力やスキル、経験を効率よく仕事に活かすためにも、適材適所の配置が重要になる（第７章参照）。

もう１つの理由として人材育成がある。人事評価は研修制度のような直接的なものではないが、自分がどのような能力を持っており、企業がどのような行動を期待しているかを知る好材料になる。「あなたの評価は平均以下です」と上司に言われただけでは、今後何をどうがんばればいいか分からないが、評価の基準を従業員に示していれば、どういった能力を伸ばし、どのような行動をとればよいかが分かり、成長のきっかけになる。このように、評価は仕事に必要な能力を指し示し、企業が期待する方向へ従業員の成長を促し、従業員１人ひとりを仕事に邁進させるための役割を持っている。

◈ 評価の要素・基準

私たちは仕事をする前の時点で、能力や経験、知識を持っており、意欲を持って仕事に必要な能力を発揮し、最終的に業績へと繋げる。評価要素を考えるときには、このようにインプット、スループット、アウトプットという仕事のプロセスを軸に分類される。このうち年齢や勤続年数は容易に把握が可能なため、人事評価の対象として扱われるのは、潜在能力、意欲・態度、行動、そして業績の４要素である。

【図6－1　評価要素】

インプット　　　スループット　　アウトプット

評価要素	年　齢 勤続年数 （経　験）	潜在能力	意　欲 態　度	行　動 （顕在能力）	業　績
評価方法		能力評価	情意評価	行動評価	業績評価

「結果を出したものだけが報われるべきだ」と考える人であれば、業績だけを評価すればよいと思うだろう。しかし、業績は不安定なもので、個々の従業員の能力や行動以外の影響も大きい。例えば、期首には想像していなかった不景気が突然やってきて、誰が担当しても業績が出せないとか、逆に好景気なら努力せずとも結果が出せてしまうといった偶然があり得る。企業への貢献度を適切に見極めるためには、業績評価（アウトプット）以外の能力評価（インプット）、情意評価、行動評価（スループット）をバランスよく行う必要がある（ただし、情意評価はインプットととらえることもある）。

4 評価手法

◈ 能力評価・情意評価・行動評価

職能資格制度の下では、職務遂行能力（職能）が格付けの基準である。これは、営業、製造、研究開発や人事といった、どのような仕事にも求められる共通の基準であり、仕事で求められる能力である。能力評価は、例えば、業務知識、企画力、判断力、折衝力、指導力など、従業員が過去から現在に至るまでに蓄積してきた（潜在的な）能力を評価することである。こうした能力は将来会社の業績に貢献にするものとして捉えるため、現在の仕事でその能力を十分に発揮しているかどうかには必ずしもこだわらない点が特徴である。

仕事の中には、何度も試行錯誤し、何年もかけてようやく大きな成果が出るもの

Column 6-1

組織的公正

〔組織的公正とは〕

組織的公正（Organizational Justice）とは、組織心理学者のジェラルド・グリーンバーグが提唱した、従業員が知覚する組織における様々な現象の公平・公正さを意味する幅広い概念であり、組織内での処遇に関する公正感である。組織内は、賃金や昇進、異動のほか採用や退職に至るまで、常に組織からの処遇に直面している。加えて、上司との信頼関係、仕事に必要な情報提供等、人事制度に限らない広範な処遇についての公正さを個々の従業員が知覚する。その代表的なものに、処遇の分配結果に関しての公正さを意味する分配的公正、処遇の決定プロセスに対する公正さを意味する手続き的公正、上司との関係性に起因する相互作用的公正といったものがある。いずれの公正さも個人の離職や企業への愛着といったものに影響があるとされており、とりわけ手続き的公正については、人事制度そのものに対しての評価にも影響するとされており、例えば日本でも賃金や昇進に対する不満を和らげる効果があること等が確認されている。

〔公正さと人事評価〕

組織的公正、とりわけ分配的公正は衡平理論を基盤とするモチベーション理論の1つであり、日々の仕事におけるやる気に直結するものである。組織的公正の考え方で人事評価に対して有用なのは、「不公正さを知覚しやすい」という点である。従業員は公正な処遇を受け取っているということには無自覚だが、不公平、不公正な処遇には敏感な場合がある。ときには「公正かどうかは分からないが、納得できないわけではない」といった複雑な感情もあり得る（江夏、2014）。

特に、情報の公開、評価の正確性、そして評価の一貫性という3つの要素において、評価プロセスの公正性が求められる（高橋、2010）。人事評価は、評価の目的やその基準、方法、評価者に関する情報を公開し、バイアスだけでなく、好き嫌いやえこひいきのないようにし、誰に対しても一律に、そして朝令暮改ではない一貫したルールの下で運用される必要がある。

もある。もし成果が出るまでの期間を一切評価しなければ、従業員はこうした大きな仕事をしなくなってしまう。潜在的な能力を評価することで長期的な意欲を高め、成長を促すことができる。

一方、仕事への取り組み姿勢や労働意欲を評価するのが情意評価である。情意は元々「思い」や「考え」を意味するが、例えば、規律性、責任性、積極性や協調性といった項目で、日常的な勤務態度や意欲を評価する。成果を出していてもルールを守っていなければ、規律性がないと見なされ、高く評価されない可能性がある。

能力も情意も、実際に仕事をこなす上で重要だが、社内のどのような仕事にも必要な要素を評価するため、個々の仕事で成果を出せるかどうかについては曖昧である。過去に身につけた能力が、時代とともに通用しなくなることもある。

【表6－1　コンピテンシーの例】

A. 達成・行動	C. インパクト・対人影響力	E. 知的領域
1. 達成志向 2. 秩序・正確性への関心 3. イニシアチブ 4. 情報収集	7. インパクト・影響力 8. 組織間隔 9. 関係構築	14. 分析的志向 15. 概念的志向 16. 技術職的・専門職的・管理職的専門性
B. 援助・対人支援	**D. 管理領域**	**F. 個人の効果性**
5. 対人理解 6. 顧客支援志向	10. 他者育成 11. 指導 12. チームワークと協力 13. チーム・リーダーシップ	17. 自己管理 18. 自信 19. 柔軟性 20. コミットメント

出所：高橋（2010）、図表10－5を基に著者作成。

行動評価は、コンピテンシーという考え方を用いて、今、仕事で成果を出せるような行動に着目する。コンピテンシーは直訳すれば資格や能力のことだが、ここでは「特定の職務で高い業績を発揮する行動特性」を意味しており、職種や職務ごとに細分化されて作成される（**表6－1**）。行動評価の際には、卓越した業績を残す人とそうでない人の行動面での違いに着目し、結果につながる行動のみを評価するため、今仕事で使っていない能力は評価の対象外となる。このため、能力評価では潜在能力、行動評価では顕在能力が主たる評価の対象である。

◈ 業績評価と目標管理制度

業績評価の中心は、ピーター・ドラッカーの提唱した「目標による管理」（Management By Objectives and Self-Control: MBO）である。労務行政研究所の調査によれば、目標管理制度は、2018年で79.3%の企業が導入するほど

Column 6 - 2

目標設定理論

〔目標設定理論と目標による管理〕

目標設定理論は、エドウィン・ロックにより提唱されたモチベーション理論の１つで、「とにかく最善をつくせ」といった大雑把な目標より、できる限り具体的な数値目標を設定したほうが、また、挑戦的な高い目標のほうがよいという。具体的な目標なら人々の意識がそこに集中しやすく、難しい目標ほど創意工夫を迫られるため業績が上がるという。目標設定が十分な効果を発揮するのは、作業者が十分な能力を持っているとき、作業のプロセスについてのフィードバックがあるとき、そして目標が作業者に受け入れられているときであるとされる。

これは、ピーター・ドラッカーのいう目標管理、正確には「目標による管理と自己統制」と同様の主張である。目標を設定する際には、本人がその目標について納得し、意欲的であることが重要であり、経営者や管理者が一方的に目標（ノルマ）を設定すると、やる気や業績への良い効果は失われてしまう可能性があることを意味している。

〔目標は高ければ高いほどよい？〕

モチベーション研究の１つに、心理学者のデイビッド・マクレランドが提唱する達成動機付け理論というものがある。これは、人々の達成意欲が、その人の持っている達成欲求の他、達成によって得られる報酬の価値、そして成功の確率によって決定するという主張である。この成功確率は、一か八かのシーン、つまり成功と失敗がそれぞれ50%の時に最大になるという。

例えば、一度も見たこともない複雑な数式をヒントなしで解けといわれても、多くの人はそれほど頑張れない。万一解ければ大きな達成感が得られるが、そもそも達成できる可能性は低いためである。逆に、大学生に２桁の足し算をしなさいという課題が出れば成功確率は高いが、成功したところで大した満足感は得られないだろう。

実はこうした主張は、目標設定理論とも矛盾しない。挑戦的な目標のほうが頑張るという主張は、十分な能力があって、目標が受け入れられているときの話だからである。目標は五分五分ぐらいものがちょうどよさそうである。

一般的なものである。期首に目標設定のため部下と管理者で面談を行い、期中に部下が達成した仕事の成果を、最終的に管理者が目標達成度の観点から評価する。期末には、再度面談を通じて結果を本人に開示し、それを元に指導・助言を行うという流れをとるのが一般的である。

目標管理は、数値化しにくい仕事であっても成果を測定しやすい。営業での売上と違い、人事や経理のように、すぐさま成果が見えない仕事や、チームで仕事をするために個人の仕事内容が明確ではない場合でも、「新しい人事評価制度のシステムを完成させる」「チームリーダーとして、○○社とのプロジェクトを完遂する」といった目標を立てることができる。こうした目標を目標達成率という全社共通のものさしで評価することによって、異なる仕事をする従業員間の比較がしやすくなるという特徴もある。

◈ 相対評価・絶対評価

能力や行動、業績が、予め定められた基準をクリアしているかどうか、という視点から評価することを絶対評価と呼ぶ。例えば試験で80点以上取れていれば全員がＡ評価になる、といった具合に、大学の成績ではこうした絶対評価が一般的だろう。能力評価も業績評価も、ある基準を超えているかを判定するため、基本的にはまず絶対評価が用いられる。しかし、大学受験で点数の良い順に合格者が決まるように、会社での人事評価でも順位付けが必要なため相対評価も用いられる。相対評価は、「他者の成績に対してその本人の成績はどうか」という他者基準の評価方法である。特に人件費もポスト（役職）の数も有限の時、処遇決定に用いる評価には、「誰を優先するか」という選抜の視点が必要なため、相対評価が必要不可欠となる。実際、会社では、Ａ評価は10%、Ｂは20%、Ｃは50%、Ｄは15%、Ｅは５%、といった具合に分布を決めている場合が多い。この時、仮に全員が絶対評価基準でＡ評価の能力を持っていたとしても、相対的にはそのほとんどがＢ評価以下になる。

ただし、相対評価を重視しすぎると、「絶対評価としてはＡなのに、最終的な評価はＢやＣ」、といった下方修正が頻繁に起こることになるため、従業員のモチベーションを下げる可能性がある。人材育成の観点からは絶対的な基準を設けた「今自分の能力はどの程度か」という情報は非常に重要になるため、処遇決定のための相対評価と切り分けて結果を開示するなどの工夫をして、評価結果の伝え方について注意する必要がある。

5 多面評価、フィードバック、バイアス

◈ 多段階評価と多面評価

目標管理制度の説明にあったように、個々の従業員の目標は上司との面談を元に設定され、期末には自己評価をしたうえで上司からの評価を受ける。評価を行うとき、直属の上司が１次評価者、更にその上司が２次評価者、というように数回の評価を行うことを多段階評価という。多段階評価の目的は、大きく分けて２つある。１つは、一次評価者の評価結果が偏っていないか、誤っていないかというチェックのためである。評価者は通常、評価者（考課者）訓練といって、評価する場合にミスや依怙贔屓のないよう訓練を受けるが、それでも評価が偏る可能性があるため、複数名の評価によって偏りを防ごうという発想に基づいている。もう１つは、全体の調整である。例えば 1次評価で、Ｘ課はＡ評価ばかりだが、Ｙ課はＣ評価ばかりだ、といった偏りが発生したときに、２次評価で部長が全体のバランスをみながら（相対評価を行って）調整する、という役割がある。

被評価者の業績や能力といったものを、適切に把握しようという取り組みに多面評価がある。一般に360度評価とも呼ばれるもので、１人の被評価者を周囲の多数の人間が評価する仕組みを指す。上司以外に、先輩、後輩、部下、取引先や他部署の上司といった人々が評価者になることで、被評価者を正確に評価できるだろう、という発想である。複数の目線からの客観的な評価は、とりわけ人材育成の観点から有用である。ただ、１人の評価を決定するのに多数の人間の手を借りる必要があり非常に手間がかかる上、時には評価者同士が真逆の評価をすることもあり混乱を生む可能性もある。多面評価の結果が処遇に直接関係する場合には、遠慮や疑心暗鬼といったものも発生しやすく、職場がギクシャクする危険もあるため注意が必要である。

◈ フィードバック

人事評価を実施する場合、特に人材育成の観点から重視されるのがフィードバッ

クである。フィードバックとは、ある成果や行動に対する他者からの反応や返答を意味する。人事評価の場面で言えば、評価の結果を公開したり上司と面談をすることがこのフィードバックに相当する。

もし、フィードバックが３カ月や半年、１年という単位でしか行われない場合には、学習効果が薄くなる可能性がある。人間は忘れる生き物である。半年前の仕事ぶりを褒められたり叱られたりしても、覚えてはいないことも多いだろう。フィードバックはできる限りタイムリーに行うことが大事である。

また、フィードバックには、仕事や成果に対する称賛のような肯定的な反応と、批判や叱責のような否定的反応がある。成果を残した部下に対して肯定的なフィードバックを行うと、部下の業績やモチベーションが高くなるが、失敗したときに否定的なフィードバックを行うと、こうした効果が弱まったり、業績を下げてしまうこともある。

長期雇用や遅い昇進を前提とした日本企業では、人事評価の結果を曖昧にする場合もある。もし、評価の低い若手社員に対して「あなたは昇進できません」とフィードバックすると、モチベーションを下げたまま何十年もその会社で働かなくてはいけないことになり、最悪の場合せっかく苦労して採用した若手社員がすぐに辞めてしまう可能性がある。何をどの程度までフィードバックするかについては、状況に応じた慎重な対応が必要である。

最近では、人材育成を目的にしたノーレイティングという取り組みも広がりを見せている。文字だけみると評価を行わないように思うかもしれないが、評価を全く行わないわけではない。正確には、Ａ、Ｂ、Ｃ評価などの画一的なランク付けは行わないことを指し、上司との頻繁な対話の中で、その日その週の仕事について即時フィードバックを行いながら個別に評価するやり方である。高い学習効果が期待できる仕組みである反面、上司は部下との対話に相当の時間を取られることや、Ａ、Ｂ、Ｃ評価などのランク付けを行わないため、従業員を序列化する場合、例えば職務や勤続年数のような補完的な処遇決定の仕組みが必要になる。

◈ 評価バイアス

評価バイアスは、人事評価を実施する管理職（評価者）にとってやっかいな問題である。評価のバイアスには、様々なものがある。特に優れたり劣ったりしている点にばかり注目して、その要素が他の評価項目に影響を与えてしまうハロー効果、評価者が嫌われたくない、自信がないといったことから甘めに評価をする寛大化傾向、厳しい優劣の判断をせず、評価を無難なものにしてしまう中心化傾向などが有名である（**表6－2**）。

【表6－2　人事評価のエラー】

エラーの種類	説　　明（例）
期末誤差	評価の直前の出来事に基づいて評価してしまう（例：半年近く前の出来事よりも、直前にあった出来事の方が評価に影響しやすい）。
ハロー効果	特定の要素が際立っていると、他の要素についても同じような評価を下してしまう（ハロー（halo）は「後光」、太陽等の中心から外側に向かって放たれている光）。
論理誤差	評価の一貫性を求める際に、評価項目の間に密接な関係を想定して判断してしまう（例：「高い成果を上げているのだから、判断力や顧客折衝能力もあるはずだ」と考えてしまう）。
対比誤差	評価者の経験や価値観に基づいて評価してしまう（例：評価者にとって得意なことは厳しく、苦手なことは甘く評価してしまう）。
寛大化傾向（⇔厳格化傾向）	嫌われたくないという気持ちから、実態よりよく評価してしまう（⇔甘く見られてはいけないという気持ちから、厳しく評価しすぎてしまう）。
中心化傾向	判断しにくいことについて、無難な評価を下しやすい（例：判断に困った時には、可もなく不可もない５段階の３を選択する）。

出所：今野・佐藤（2020）、表7.3を基に著者作成。

こうした様々なバイアスというものが無意識に評価結果に反映されてしまうため、管理職は通常、評価者としての訓練を受ける。こうしたバイアスが起きやすいということを念頭に置いておくだけでも評価のエラーは軽減できるが、既に述べた多面評価や多段階評価を、評価バイアスを防ぐために導入することも多い。

6 おわりに

本章では、評価の仕組みについて学んだ。人事評価は従業員の処遇決定や人材育成を目的に行われており、評価する要素としては能力・情意・行動・業績が代表的である。評価の手法には、相対評価・絶対評価という違いや、目標管理制度の運用、多段階評価や多面評価など、様々な手法があることを学んだ。いずれの評価手法にも共通することは、「被評価者を正しく適切に把握したい」という目的である。それぞれの手法には長所も短所もあるため、目的に応じて使い分けることが重要になる。人事評価の結果は処遇決定や人材育成のために使用するが、この２つの目的は同時に達成できるとは限らない。多面評価を処遇決定に使用すると職場に疑心暗鬼を生むこともあるし、相対評価を能力や行動の評価に使用すると、評価基準が形骸化してしまうかもしれない。評価手法をどう組み合わせるかには、細心の注意が必要である。

人事評価を運用する企業側の立場から見ると、やっかいな問題もある。否定的なフィードバックをすることが、常に従業員のためになるとは限らないし、評価者と被評価者という関係を意識させ過ぎれば、職場の雰囲気も悪くなり、互いにギクシャクすることだってある。成果主義の逆機能のように、評価制度の使い方次第では、従業員を誤った方向に導きかねない。これまでと正反対のことを言っているように聞こえるかもしれないが、評価をある程度曖昧にした方がうまくいくシーンもある。

「はじめに」やミニケースでも述べたように、大学の成績もアルバイト先でも評価は無関係ではない。企業の人事評価ほど厳格なものではないことも多いが、評価の結果によって前向きな気持ちになれる場合も、樹のようにもやもやした感情を生む場合もあるだろう。処遇を決定するときに使う場合には、どうしても従業員の間に差が生まれてしまうが、自分の現在の立ち位置を知り、自身の成長のためには、評価はやはり重要な作業である。周りからどのように見られているか、という視点を大事にしつつ、目標やノルマに振り回されないように評価と向き合っていく必要がある。

？考えてみよう

① 日本では、人事評価の結果を個々の従業員に明確に開示しない企業もあるが、その理由について考えてみよう。

② 行動評価（コンピテンシー評価）は、能力評価の弱点を補う仕組みであるが、能力評価よりも使いにくい側面もある。その理由について考えてみよう。

③ あなたの周りの資源（お金や権限など）の分配状況を想定して、納得がいく分配とはどのようなものか、その理由について考えてみよう。

次に読んでほしい本

☆評価の公平性や納得性について詳しく学ぶには…。

江夏幾多郎（2014）『人事評価の「曖昧」と「納得」』NHK出版。

☆人事評価と目標管理の具体的な事例について詳しく学ぶには…。

日本経団連出版（2012）『コミュニケーション重視の目標管理・人事考課シート集』日本経団連出版。

☆人事評価を含めた日本企業の人事管理の歴史的な経緯について詳しく学ぶには…。

黒田兼一（2018）『戦後日本の人事労務管理―終身雇用・年功制から自己責任とフレキシブル化へ―』ミネルヴァ書房。

第7章

配置・異動

1　はじめに
2　ミニケース：先輩の異動
3　人事異動、ジョブ・ローテーション
4　昇進・昇格
5　出向・転籍
6　おわりに

1 はじめに

皆さんは企業での「キャリア」を考えたとき、例えば入社して経理部に配属された人がその後もずっと同じ部署で働くものだと思っていないだろうか。実際はそのようなことはなく、企業は意図をもって、従業員の職場を変更したり（人事異動・配置転換）、権限・責任を高めたり（昇進・昇格）、勤める会社を変更したり（出向・転籍）する。こうした様々な変化を通じて従業員はキャリアを形成していく。では、こうした変化にどのような意味、どのような狙いがあるのだろうか。

2 ミニケース：先輩の異動

葵は日頃、先輩の麻生さんから色々仕事について教えてもらったり、気にかけてもらっている。ある日、葵は麻生さんが次の４月に経理部に移ると麻生さんから聞かされた。

麻生さんは営業成績がいつもよく、葵にとって頼れる先輩だ。そんな優秀な人がいなくなるのは営業部にとっても痛手なだけに、どうして会社はそんなことをするのか不思議に思った。そこで他社で人事部長をしている父親に尋ねてみた。

葵　「先輩の麻生さんは成績も良いし、私も含めてお世話になっている人も沢山いるの。そんな人を異動させるなんて、うちの部署にとっても会社にとっても損失だと思う。どうしてうちの会社はそんな辞令を出すのかな？」

薫　「葵の疑問ももっともだね。でも会社にとって麻生さんをこのままずっと営業部で働かせることの損失もあるんだ。会社はきっと麻生さんに今後もずっと働き続けてもらいたいと思っているはずだよね。もし麻生さんの能力が実は営業よりも経理で発揮されるとしたら、今回の異動は成功ってことになるね。」

葵　「そうか、適性は１つの仕事をしているだけだとわからないもんね。」

薫　「そう、それに色々な仕事を経験して総合的な能力を身につけると、いずれ麻生さんが偉くなったときに様々な問題を解決する力になるよね。将来の仕事を見据えても人事異動は大事な取り組みなんだよ。だから、もし麻生さんが営業で優秀な成績を残しているからと言って、この先ずっと営業をさせていたら、それこそ会社にとって損失になるかもしれないね。」

そんな話を聞き、会社の取り組みは短期的な視点だけでなく、長期的な視点に立って考えることも大事なんだと葵は思った。実際に自分が就職活動をしていた頃を思い返すと、転職を念頭に置いて会社探しをしたりせず、長く働ける会社を探していた。だから葵は、会社が自分たちを長期的な視点で扱ってくれることは素直に嬉しく思った。でも、会社は従業員の長期的なキャリアを社内で偉くさせるという点だけで考えているのだろうか。もしそうなら会社のポストはすぐに埋まってしまい、"出世予備軍"で社内はいっぱいになってしまうはずである。現実にはそうなっていないことを考えると、会社の考える長期的なキャリアは別にもあるのだろう。そんなことを思い巡らせていた葵は、もう少し自分のキャリアを真剣に考えようと思った。

3 人事異動、ジョブ・ローテーション

◈人事異動、ジョブ・ローテーションの概要

人事部門は、個人のキャリアだけでなく、会社の全社最適の観点からも誰にどの部署で働いてもらうのが良いかを考えるものである。従業員を今いる職場から別の

職場に配置換えする施策を人事異動と呼び、そうした配置換えを定期的に行うことをジョブ・ローテーションと呼ぶ。異動のパターンは、部門間・事業所間・職種間・職場間と多岐にわたる。

ジョブ・ローテーションを実施している企業はどのくらいあって、企業は、どれくらいの頻度で異動を実施しているのだろうか。労働政策研究・研修機構が2016年に全国の常用労働者300人以上の企業1,852社に実施した調査によると、ジョブ・ローテーションを行っている会社は全体の53.1%だった（**表7－1**）。会社の規模別に見ると、大企業ほどジョブ・ローテーションを実施している割合が高くなっていることが分かる。また、異動の頻度については3年ごとに実施している会社が多く、その中でもやはり大企業ほど3年ごとに実施している傾向にある（**表7－2**）。では、会社が従業員を異動させる背景にはどのような目的があるのだろうか。

【表7－1　ジョブ・ローテーションの実施状況】

		会社数	ジョブローテーション（%）		
			ある	ない	無回答
	全体	1,852	53.1	46.2	0.8
正社員規模	300人未満	389	37.3	62.5	0.3
	300 - 500人未満	598	51.3	48.2	0.5
	500 - 1,000人未満	460	57.2	41.7	1.1
	1,000人以上	344	70.3	29.4	0.3

出所：労働政策研究・研修機構（2017）、図表2－2－3、2－2－4を基に著者作成。

【表7－2　人事異動の頻度】

		会社数	人事異動の頻度が何年ごとであることが多いか（%）								
			1年未満	1年	2年	3年	4年	5年	6 - 10年	10年以上	無回答
	全体	1,852	6.5	12.9	5.0	27.9	5.2	18.8	14.6	5.9	3.1
正社員規模	300人未満	389	4.6	13.9	6.9	21.9	3.9	18.0	15.2	11.3	4.4
	300 - 500人未満	598	7.9	15.4	3.7	26.1	4.2	18.7	15.9	6.0	2.2
	500 - 1,000人未満	460	6.7	13.7	5.0	30.4	5.4	18.3	13.9	4.3	2.2
	1,000人以上	344	5.8	7.0	5.5	35.5	8.7	19.5	13.4	1.7	2.9

出所：表7－1に同じ。

◈人事異動、ジョブ・ローテーションの目的

ジョブ・ローテーションを実施する企業の多くは、主に「その従業員に相応しい仕事をさせる（適正配置）」と「人材育成」の２つを目的にしている。人には向き不向きがあり、適性がない仕事をさせても本人にはストレスや不満が募るばかりで成果はなかなか上がらないものである。そのため、その人の能力にあった仕事をさせることを狙って企業は人事異動を実施する。これを適正配置と呼ぶ。

しかし、私たちは経験を積むことで能力を伸ばしていく。そのため、適正配置がいつまでも“適正”とは限らない。だからこそ、定期的な異動が必要になってくる。一方、会社が意図的に能力とミスマッチを起こす仕事を割り当てることで成長を引き出すこともする。この人材育成には２つの考え方がある。第１に、異動直後は能力に見合っていない仕事をすることになるが、その従業員が成長することで適正配置にしていくというものである。第２に、従業員のキャリアを長期的に考え、その従業員の目指すべき姿を遠くに見定め、そのあるべき姿に必要な能力を各職場で身に付けさせるというものである。例えば、次世代の幹部候補を育てるような場合が当てはまる。

どうしたら従業員を効率的に育てられるかと言うと、専門性を身に付けさせるような仕事経験を積ませることである。日本労働研究機構が行った日本・アメリカ・

【図７－１　異動パターンの国際比較】

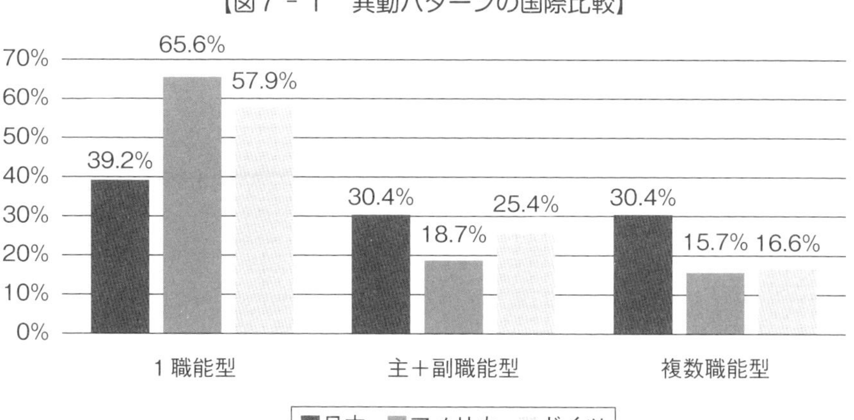

出典：小池・猪木編（2002）、表10－10を基に著者作成。

ドイツ・イギリスの大卒ホワイトカラーを対象にした調査の結果によると、勤続年数に占める最長経験職能の割合が76%以上の人（１職能型）は日本・アメリカ・ドイツともに最も多くを占めている。一方でその割合をみると、日本は１職能型が39.2%でありアメリカやドイツに比べると少なく、51～75%の人（主＋副職能型）、50%以下の人（複数職能型）の割合も30.4%ある（**図７－１**）。このことから日本企業は従業員の専門性を広めに捉えて育成していることが分かる。例えば、「私は営業を３年勤めた後、現在に至るまで製品開発部で10年ほど働いている」という“営業のこともわかる開発の人”は幅広い専門性を磨くからこそ育つと言える。

◈ 人事異動の効果

人事異動は適正配置や人材育成を主たる目的にするが、そこでの主語は人事部門や企業である。では、従業員自身に目を向け、能力開発以外で彼らにどのような変化があるのだろう。

アルバイト経験のある人なら思い当たる節があるかもしれないが、仕事はずっと続けていると慣れてしまう。そのうちに惰性で仕事をする人も出てくる。つまり、仕事へのモチベーションを低下させてしまう。これは会社員でも言える。そんな会社員にとっては異動を経て新しい仕事を受け持つことは刺激的な経験であり、モチベーションを高める。

しかし、この異動の恩恵は、周囲にとっては厄介だったりもする。どういうことかと言うと、異動をする間際の従業員は惰性で仕事をすることが多いかもしれないが、それは見方を変えれば“惰性で仕事ができてしまう”くらい慣れているのである。そのような熟練従業員が別の職場に移ってしまうと人員不足かつ戦力不足になる。企業はその穴を埋めるべく外部から人材を採用するか、別の従業員を他の職場から異動させるか、人員を補充せず現状の仕事を再編成するか選択する。もし他の職場から従業員が異動してきても異動したばかりの人はまだまだその仕事に不慣れで学ぶことが多い“新米”であることが多い。新米をサポートし彼・彼女の成長を支えるという作業は、周りの従業員の普段の仕事とは別に発生するため、業務負担が増える。そのため、異動した本人の成長が異動の効果のすべてだと思うのは禁物である。

このように、人事異動の実施は企業にとって様々なコストがかかる。従業員もそれはわかっているので、異動を企業が自分の将来に投資してくれていると受け取る。

Column 7 - 1

組織的同一化

〔組織的同一化と組織アイデンティティ〕

組織的同一化（Organizational Identification）とは、個人が所属組織に一体感を持っている状態を指す概念である。一体感を持つと「仲間」に対して協力しようとするようになり、組織に対して愛着を持つようになる。このとき、上司が指示を出したりすることなく従業員自ら協力を買って出る。加えて、仲間以外には非協力的な態度を示すようになる。そのため、仲間には優しく、競合他者には厳しく接するという会社にとっては望ましい行動を生み出す概念だと考えられている。

では、その仲間とは誰のことかと言うと、「私たちはどんな会社なのか」という会社観を共有している人たちを指す。経営学者デニス・ジョイアはこの会社観を組織アイデンティティと呼んだ。組織アイデンティティは会社に１つしか存在しないものではなく、もっと曖昧で従業員１人ひとりが自分の置かれた「会社」という環境をどう考えているかに起因する。例えば、入社してずっと営業部で働いてきた人は会社のことを「顧客志向の高い会社」と捉えるかもしれないし、一方で人事部一筋の人は「人材育成に熱心に取り組む会社」と捉えるかもしれない。つまり、会社観は日々の仕事内容に引っ張られて作られる。

〔組織的同一化とジョブ・ローテーション〕

ジョブ・ローテーションを行わない会社では、従業員は部署ごとに異なる会社観を持ち、部署単位で仲間意識を醸成する恐れがある。そうなると部署の垣根を越えた連携がとりにくくなってしまう。そんな“縦割り組織”に横串を指す役目をジョブ・ローテーションが担う。ジョブ・ローテーションを通じて様々な部署を経験することで偏った会社観を持たず、広く会社のことを考えられるようになる。その結果、次第にどんな部署でも共通した会社観を持っている事実に気づき始め「仲間＝全社員」となるのである。このように、本来組織的同一化に期待される効果を実現するために、ジョブ・ローテーションは一役買っている。

そうした会社からの期待に応えたいという気持ちを従業員から引き出すことで、彼・彼女は会社を辞めようという気持ちを持ちにくくなる。従業員を育成して、長期的に自社の戦力になってくれることを期待する企業にとって、手塩にかけた従業員が他社に移ることは避けたい。そういう点でも人事異動は効果を発揮するのだ。

4 昇進・昇格

◈ 昇進・昇格の概要

人事異動を通じて、従業員は幅広い仕事経験を積み成長していく。しかし、人の成長は目で見ることができず、かつ現時点でその人がどれ程の能力を持っているのか判断することも難しい。そのため、従業員の能力をランク付けに用いる企業では「この社員の能力は〇等級相当だ」といった社内共通の尺度（ものさし）を使い、職務遂行能力で便宜的に判断する。これを職能資格と言い、資格が上がっていくことを昇格と呼び、職位が上がる昇進とは区別される。この仕組みを運用するためには、事前に企業が職務遂行能力のレベルに応じて資格等級を設定し、資格に紐づいた報酬を決めておく必要がある。つまり、従業員の報酬は職能資格に基づいて決定される。従業員は何らかの方法（人事評価や面接試験）で評価され、基準を満たしていれば昇格することができる。このとき、昇格には当該等級で何年働いたかという必要経験年数や標準年数が設定されており、いくら優秀な従業員だからといって毎年昇格を繰り返すことはできないようになっている。

また、所定の資格に到達すると一時的に昇進のチャンスがなくなる。例えば、企業に社長は１人しかいないように、社内の役職の数およびそこに就ける人数は基本的には決まっているためである。その役職に空席が出たとき、その仕事に適任かどうかを判断され、能力が認められれば職位が上がる（昇進）（**図７－２**）。昇進の判断は昇格同様、面接試験、昇進テスト、小論文、在任期間など様々なものを総合して行われる。職能資格制度をとる企業では、昇進のチャンスは必ずしも１つの等級のみに設定されているとは限らず、しばしば幅を持たせている。例えば、図７－２のように係長への昇進のチャンスは３等級から与えられるが、このタイミングで昇進できなかったとしても主任のまま４等級への昇格することもできる、といった具合である（昇格先行・昇進追随）。一方、職務等級制度を用いている企業では、職務等級と職位の対応関係が明確である。

【図7－2　職能資格と職位の関係】

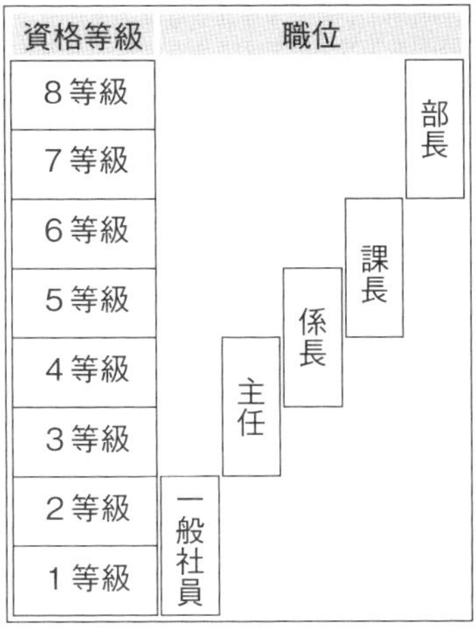

◈ 昇格管理の特徴

多くの日本企業は職能資格制度を導入しており、その下で昇格管理が行われている。かつての日本企業は年功賃金制度という従業員の勤続年数や年齢に応じて賃金を決定する方法を用いてきた。この方法では企業に貢献をしていなくても長く働いていれば基本的に毎年昇給していくため、企業が支払う人件費の総額が年々増加していくという問題があった。この点を職能資格制度は改善し、職務遂行能力という企業に貢献しうる指標に基づき賃金を決定することで必要以上に人件費を支払う必要がなくなった。しかし、職能資格制度でも能力という目に見えない要素を判断材料に用いるため、人件費の高騰問題はなくなったわけではなかった。

従業員の働く動機には「お金のため」という面もあるため、日々の仕事の中で昇給に向けた努力をする。そこを逆手に取り、会社は等級を細かくすることで従業員のモチベーション管理もしようとした。例えば、等級を8段階から16段階にすると昇給のチャンスが2倍に増えるわけだから、仕事に対して意欲的になることも想像に難くない。

このようにして企業は等級を細かく刻み昇格管理を行うが、それが企業の成長に貢献するかは「資格に見合った仕事」を用意できるかにかかっている。つまり、高い成長率を誇る企業で働いていれば、新しい仕事が次々に生まれ、その中で適正配置を考慮した配属ができるので、仕事で能力を発揮でき自身の成長にも繋がる。一方、低成長の企業では新しい仕事が生まれる機会が少なく、昇格しても以前と同じ仕事を続けることが珍しくない。このことは、報酬に見合った仕事をさせられていないことを意味し、企業は昇格に伴い昇給させる必要があるため損である。加えて、職能資格制度では、同じ仕事に異なる資格の従業員が混ざることになるので、上位資格者のモチベーション維持が難しくなる。

◈ 昇進管理の特徴

これまで日本企業は「遅い昇進」と呼ばれる昇進管理を行ってきた。遅い昇進とは、入社後、しばらく大きな差をつけずに横並びで働かせ、昇進競争での勝敗が決し大きな差がつくのに10年から15年かける管理の仕方を呼ぶ。このように同期間で明確な差を作らないことで、仕事に対するモチベーションの維持がしやすくなる。つまり、10－15年の間、自分が将来偉くなる可能性を企業は否定しないので、淡い期待を抱いて仕事に励むことができる。

しかし、将来有望な従業員ほど、早い段階で自分の可能性を社外に見出したり、他の企業が興味を持ったりするものである。そうした人を逃さないためにも次世代の幹部候補として「早期選抜」を行う企業は多い。早期選抜で選ばれた従業員は社内での自身の将来に強い期待を抱くため、転職を損と考えるようになる。また現時点でまだ不確実な将来を確実なものにするべくモチベーションを高めて仕事に従事するようになる。

企業にとっては将来有望な従業員が高いモチベーションで働いてくれ、かつ退出の可能性を下げてくれるので、早期選抜は魅力的な打ち手である。他方で、早期選抜に選ばれなかった人からすれば、将来自分が昇進できる可能性が減ることを意味するため、モチベーションは下がってしまうことも否めない。

Column 7-2

社会的ネットワーク

〔社会的ネットワークと行動〕

社会的ネットワークとは「人と人との繋がりの集合」を指す概念である。人と人の繋がりは社会生活の基本単位であるため、仕事活動も説明する。この繋がりには強さがあり、社会学者マーク・グラノヴェッターによると、「強い繋がり」とは、多くの時間を共有し、互いに気持ちが通じ合っている間柄をいう。例えば、AとB、AとCは互いに共通点も多く、仲が良いが、BとCには面識がないとする。2人はAと共通点が多いということは、きっとBとCにも共通点が多いと予想される。そのため、2人が強く繋がるのも時間の問題である（**図7－3**）。

こうして強い繋がりがネットワークになると人は閉鎖的になる。つまり「いつものメンバー」で時間を過ごし、新しい人とあまり関わらなくなる。そうすると自分たちの共通点に関わる情報には詳しくなるが、そうでない情報は話題に上らない。

【図7－3　閉鎖的なネットワークの形成過程】

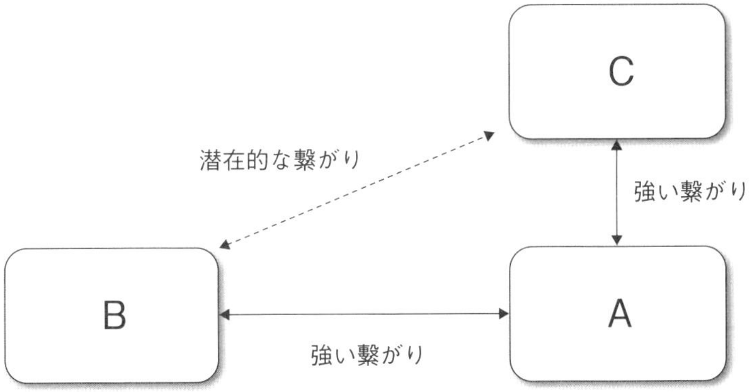

〔社会的ネットワークと人事異動〕

社会学者ロナルド・バートは、関わりの薄い人との交流が幅広い情報を得る機会になり、そういう機会を多く持つ人ほど昇進が早いと述べる。しかし、強い繋がりは気心が知れた間柄であり、そのネットワークに身を置くことは居心地がよい。したがって、閉鎖的なネットワークから一歩踏み出して、色々な人と交流することは簡単なことではない。

自主的に動くことが難しいのであれば、企業が動かしてしまえば良い。人事異動で職場を変更することは、同時に人間関係の幅を広げることを意味する。例えば、営業一筋だった人を人事部に異動させることは、これまで接点のなかった人事部にネットワークを広げる機会になる。結果、従業員は広く情報を手に入れることになり、偏った情報での意思決定ではなく広い視点で物事を考えられるようになったり、社内の様々なところに「頼れる知り合い」を多く持つようになる。

5 出向・転籍

◈ 出向・転籍の概要

出向とは移動元の企業に籍を置いたまま子会社や関連会社に従業員を移動させる方法である。雇用主は移動元の企業であるため給与は移動元から支払われるが、実際に働いているのは出向先の企業であるため、出向先の指揮命令の下で働くことになる。他方、転籍とは、移動元企業を退職し、転籍先の企業と雇用関係を結ぶ方法である。

◈ 出向・転籍の目的

企業が自社の従業員を出向・転籍させる目的とは何なのだろうか。それは大きく「雇用機会の確保」「経営・技術指導」「人材育成」「連携強化」の４つの目的がある。

第１は、雇用機会の確保である。人事異動は社内にその従業員に相応しい仕事を探し、割り当てることを１つの目的としている。しかし、社内にそういった仕事がない場合、企業は社外に出向・転籍という形を使って仕事を探す。出向・転籍は企業が主体的に関わる取り組みであるため、出向先・転籍先で用意できる仕事内容や労働条件の情報を吸い上げ、当該従業員の能力やこれまでのキャリアとのマッチングを図ることができる。欧米企業の場合、ある従業員の能力が活かせる仕事が社内になければ解雇することも考えられるが、日本の場合は解雇に関する法律が厳しく企業の都合ではなかなか従業員を辞めさせられない。例えば、定年まであと僅かになった社員を出向で子会社に移動させ、後に転籍することもある。従業員を出向させた場合、給与を出向先に負担してもらえ、転籍の場合は、転籍対象者の人件費の負担先が転籍先に移動するため、コストの節約につながる。

第２に、経営・技術指導である。人の移動は能力の移動を意味するだけでなく、知識・情報の受け渡しも意味する。企業は子会社や関連会社の求めに応じて有能な従業員を出向させ、彼らの持つ知識を提供したり、彼らの直接の働き（能力）で様々な支援を行ったりする。例えば、銀行は融資先企業の経営が傾くと融資金が回収できなくなる恐れがある。そのため、融資先企業を立て直せるよう、戦略立案・経理・財務などの専門家を行内から出向させる。もちろん、経営不振を理由に出向させるばかりでなく、株式上場の準備のために従業員を出向させることもある。その場合は、出向社員は上場支援の経験を積み、今後のキャリアの幅が広がるというメリットもある。

第３は、人材育成である。これは幹部候補と一般の若手社員の出向で異なる目的を持つ。①経営者には幅広い経験と総合的な判断力が求められる。そこで幹部候補の出向では、移動元企業にはない仕事に配属したり、現在の職位よりも高い職位で受け入れてくれる子会社や関連会社で責任の重い、かつ幅広い判断が求められる仕事に従事させたりし、経験の幅を広げる。そうして一定の経験が積めたところで元の会社に戻す。②一般の若手社員の場合、上記の技術指導に近い側面がある。つまり、子会社や関連会社の若手を出向（逆出向）という形で親会社が引き取り、彼ら・彼女らに専門的な知識・技術を習得させたりする。子会社や関連会社で働いていては身に付けられない知識・技術を提供した後に元の籍に戻すことで、親会社からの出向と同様の効果を見込むことができる。

最後に、連携強化である。上記３つの目的は、ニーズが移動元と移動先のどちらにあるのかという違いはあるが、基本的に従業員の移動は一方通行であった。しかし、ここでは双方向、つまり親会社が子会社に従業員を出向させるのと同時に、子会社からも従業員を受け入れるとするいわゆる逆出向の際に当てはまる。このように相互に従業員を出し合うことで、両者の間で情報交換のパイプ役を当該従業員が担うことになり、連携を取りやすくなる。

◈ 出向の２類型

出向はプッシュ型とプル型に大別できる。移動元企業の都合で従業員を輩出する出向をプッシュ型と呼び、出向先企業のニーズから要請されて行う出向がプル型である。相対的にプッシュ型は中高年層、プル型は若年・中堅層が多い。

プル型は出向先企業のニーズを前提とするので具体的な問題は生じづらく、出向者を受け入れて経営力・技術力の向上に繋げたり、人手不足の緩和など利点が多い。一方、プッシュ型は連携が強化されるという利点はあるが、それ以上に出向先の人件費の増大や人員過剰などの問題が見られる。

プッシュ型の場合、出向先の業績がある程度良くないと出向によって発生する種々のコスト負担に堪えることができない。加えて、近年はグループ会社や関連会社との長期的な取引関係が弱まっている。こうしたことからプッシュ型の出向は減少傾向にある。

6 おわりに

本章では、従業員が経験する様々な種類の「仕事」の変更について学んだ。その仕事の変更が、職場に関するものを人事異動・ジョブ・ローテーション、立場に関するものを昇進・昇格、会社に関するものを出向・転籍と呼んだ。

一見するとそれぞれ異なる変更を表すトピックだが、昇進・昇格も出向・転籍も異動経験の結果を加味して行われるため、本章では「配置・異動」としてまとめて扱った。従業員が昇進・昇格するのは、その人の高い職務遂行能力が認められたからであり、それは様々な仕事経験から獲得するものである。また、出向・転籍する人の多くは、子会社・関連会社から求められるほど高い能力を有しているか、様々な仕事を経験してきたが社内にその人に相応しい仕事を見つけることができなくなっているからである。つまり、異動経験を積んだ先にある議論ということである。

このように本章で扱ったトピックは、従業員のキャリアに関するものである。将来、皆さんがどこかの企業に就職し、例えそこで最初に望んでいない仕事に就くことになったとしても、その後に異動を経て色々な仕事に触れる機会はたくさんあるだろう。最初の職場で腐らずに真面目に仕事に取り組んでいけば少しずつ能力が高まっていき、それを評価されることもあるかもしれない。したがって、望んだ仕事に就けなかった場合に「もう転職するしかない」と短絡的に考えるのではなく、その企業での自分の将来に期待してみるのも大事だということを、本章では様々な面から説明をしてきた。自分たちにとっても、そして企業にとっても意味のある取り組みがあることを知っておくことは、きっと自分の将来を考える際の役立つはずである。

? 考えてみよう

① 大企業ほどジョブ・ローテーションを行う傾向にあるが、その理由について考えてみよう。

② 外資系企業は日本企業に比べて昇進スピードが速いことで知られているが、その理由について考えてみよう。

③ あなたの周りの人間関係（ネットワーク）を調べて、繋がりの強さ（弱さ）の理由を考えてみよう。

次に読んでほしい本

☆昇進後の仕事経験について詳しく学ぶには…。

金井壽宏（2005）『リーダーシップ入門』日本経済新聞出版。

☆ネットワーク（人脈）の重要性について詳しく学ぶには…。

アルバート=ラズロ・バラバシ（2019）「ザ・フォーミュラー 科学が解き明かした『成功の普遍的法則』」光文社。

☆日本企業の仕組みを作った環境と今後の環境について詳しく学ぶには…。

山岸俊男（1999）『安心社会から信頼社会へ―日本型システムの行方』中央公論新社。

第8章

人材育成とキャリア

1　はじめに
2　ミニケース：社会に出ても学びは続く
3　「育つ」と「育てる」の両面性
4　企業による人材育成の方法
5　人材育成の新たな展開と課題
6　おわりに

1 はじめに

この章では、働く人びとの成長を促す仕組みについて考える。より具体的には、従業員が仕事をするうえで必要となる職務遂行能力を身に付けたり、企業と従業員の双方が求める人材像をすり合わせたりするために展開される「人材育成」と「キャリア開発」の２つを取り上げ、それらの基本的な方針や取り組みを学んでいく。あわせて、近年の日本企業にみられる人材育成やキャリア開発の変化についても整理する。

2 ミニケース：社会に出ても学びは続く

ある日の夜、授業やゼミの課題提出に追われ苦闘していた樹は、コーヒーを飲み少し休憩しようとリビングに向かった。リビングには、小難しい顔をして複数の本を広げながらパソコンと向き合っている葵の姿があった。

樹 「あれ、普段はドラマを見てくつろいでいる時間なのに、どうしたの？（作業の様子を見ながら）分厚い本とにらめっこしながらレポートを書くなんて、大学生みたいだね。」

葵 「うるさいなあ。これは、顧客体験価値の創造に関するｅラーニング講座の課題なの。将来的に商品企画とか販売戦略に携わる部署に行きたいから、そのための基礎固めってやつね。人事部が受講希望者を募っていたから、自主的に手を挙げたの。受講期間は１ヶ月あったから余裕だろうと思ってたんだけど、仕事が忙しくて気づけば締切間近になっちゃった。集中したいから、ちょっと黙っててほしいな。」

樹 「そうか。作業の手を止めさせちゃってごめん。静かにするよ。でも、社会人になってからも課題に追われなきゃいけないんだね。大学を卒業するまでの辛抱だと思って、今日も頑張ったのに。」

ここまでのやり取りは、別室からリビングに向かって歩いていた薫にも聞こえていたようだ。薫も加わって、もう少し会話は続く。

薫「大学生のときよりも、むしろ社会人になってからのほうが学ぶことが多いかもしれないな。父さんも、このあいだ人事部のみんなでデータ分析に関する研修を受けたぞ。もっとも、これは会社から受講を命じられたものだけど。分析結果とその解釈をまとめるレポート課題もあったね。」

樹「父さんくらいの社会人歴になっても、勉強して課題を出すんだね。バイトだと課題提出なんてないから、仕事を始めたら勉強は終わりだと思ってたよ。」

葵「でも、バイトを始めた頃にさ、社員さんやバイトの先輩から仕事のやり方を教わったでしょ。あれも立派な勉強じゃない。どんな仕事でも、ただそれに取り組むだけじゃダメで、勉強がついて回るってわけ。じゃ、2人とも、静かにしてよね。」

コーヒーを手に自分の部屋に向かいながら、樹はふとした疑問を抱いていた。小学校から大学までの学校教育があるのに、会社でも学び続けなければならないのはなぜだろうか。大学で企業経営について詳しく学んでいれば、会社では学ばなくてもいいのだろうか。働くことと学ぶことについて、改めて調べてみる必要がありそうだと思った。

3 「育つ」と「育てる」の両面性

◈ 人材育成が果たす機能

従業員が能力やスキル、知識などを習得するために企業が行う様々な取り組みを人材育成と呼ぶ。教育訓練や能力開発、人材開発と呼ぶこともあるが、これらは概ね同義のものといえる。ただし、キャリア開発は、少し異なる性質を持つものとして区別して考える。両者の違いをごく端的にいえば、仕事を遂行するうえで必要な能力などの習得に目を向けるのが人材育成、仕事経験の連なりからなる人びとのキャリアの形成に目を向けるのがキャリア開発である。

人材育成やキャリア開発は、企業・従業員の双方の成長にとって重要な意味をもつ。企業にとっては、経営戦略の継続的な実現に必要な能力などを有した従業員を「育てる」取り組みである。そこには、現在の業績向上に貢献できる人材を数多く確保することと、将来の変化に柔軟に対応できるような多様な能力などを従業員に習得させることの双方の狙いが含まれる。他方で、従業員にとっては、自らのキャリアをより望ましいと感じられるものにするための方法として位置づけられる。具体的にいえば、やりたい仕事に就くため、あるいは企業や労働市場のなかでより高い評価・待遇を受けるために必要な能力などを有した人材に自らが「育つ」取り組みということになる。

したがって、人材育成やキャリア開発のあり方を考える際には、企業と従業員とで異なるニーズの双方を押さえたうえで、「育つ」と「育てる」の折り合いをいかにつけるべきかということに目を向ける必要がある。まずは、それぞれが持つニーズについて、詳しくみていこう。

◈ 企業が従業員を「育てる」

現在の業績向上への貢献、あるいは将来の変化への柔軟な対応のいずれかを問わず、企業が従業員に対して求めるのは、仕事を行うために必要となる職務遂行能力を身に付けることである。職務遂行能力は、どの企業でも通用する一般的能力と、ある特定の企業でしか通用しない企業特殊的能力の２つの要素から構成される。例えば、業務書類を作成するためには、ワープロや表計算ソフトが使いこなせるだけでは不十分で、書類のフォーマットやデータの入力規則、社内独特の文章表現などの企業ごとに異なるルールを熟知していなければならない。このとき、パソコンスキルは一般的能力、業務書類の作成能力は企業特殊的能力であるといえる。また、業務書類を速やかに決裁してもらうためには、書類内容に関連する他部署の事情に精通していたり、事前の調整や交渉を誰に対してどの順番で行うべきかという知恵を持っていたりすることも重要となるが、これらも企業特殊的能力とみなすことができる。

この例をもとに考えると、企業特殊的能力に関する３つのポイントが浮かび上がる。第１に、仕事を円滑に進め望ましい成果をあげるためには、企業特殊的能力を有する従業員が欠かせない。第２に、企業特殊的能力は、学校教育や独学で習得できるものでなく、企業のなかで様々な仕事を経験しながら習得する性質の強いものである。そして第３に、企業特殊的能力を伸張するには、異動やジョブ・ローテーションをともなう長期の時間軸のなかで、幅広い仕事経験を積んだり、企業内外の人たちとの縦横の人脈を形成したりすることが重要となる。

これらの点から、企業特殊的能力を有する人材は、企業外部からの採用（外部調達）が難しく、自社内部での人材育成（内部育成）によって確保すべき存在であることが示唆される。したがって企業は、長期にわたる人材育成の仕組みを従業員に提供し、自社での活躍に不可欠な企業特殊的能力を習得させようという動機を持つ。ちなみに、長期にわたる人材育成が成立する背景には、長期雇用にかかわる心理的契約（Column10－２）が存在している。企業は、従業員が長く自社に留まってくれるから、時間をかけた育成が無駄にならないだろうと考える。また従業員は、企業が長期的な雇用の安定を保障してくれるから、企業の要望に応えても良いだろうと考えるのである。

◈ 働く人びとが自ら「育つ」

従業員の視点からみると、企業特殊的能力の習得を促す企業側の提案を受け入れるべきか否かは、悩ましい問題である。所属企業のなかで活躍したり高い評価を得たりするためには、企業特殊的能力の習得が大きな意味を持つ。しかし、人事異動やジョブ・ローテーションの繰り返しをともなう企業主体の人材育成を無条件に受け入れることは、自らのキャリアを企業側に管理されることにつながりうる。キャリアを主体的に形成していきたいと考える従業員が多いことが明らかとなっていることから、働く人びとが自らの意思にもとづいて育つ側面は無視できないものである。また、そもそも従業員が能力などを習得する過程は、従業員個人による学習をともなう。この点からも、働く人びとがどのように育とうとするのかに目を向ける必要性が指摘できる。

ただ一方で、自ら主体的にキャリアを創りあげようとする度合いを強めすぎると、企業が求める能力や人材像からの乖離が大きくなり、結果として望ましい評価・待遇を受けられなくなる恐れが生じる。この点については、後節で改めて考えることにしよう。

4 企業による人材育成の方法

◈ 仕事を通じた人材育成

企業が行う人材育成の基本的な方法は、職場の中で行われるOJTと、職場の外で行われるOff-JTや自己啓発に大別できる。それぞれにメリット・デメリットがあり、企業ではこれらの方法を効果的に組み合わせた人材育成がなされている。

職場のなかで日常業務を行いながら、その業務に求められる能力などの習得を図る人材育成の方法をOJT（on the job training）という。職場の上司や先輩が部下や後輩に指導・助言するかたちで行われることが一般的であるが、同僚との関わり合いを通じて行われる場合もある。企業特殊的能力を有する人材は企業内にしかいないことから、企業特殊的能力の習得に特に効果的な方法であるといえる。

日常の業務経験を人材育成の機会として位置づけるOJTには、コストや実用性の面で優れた点がある。具体的には、①能力などの習得のために新たな場や講師、教材などを準備する追加コストが不要である、②担当業務に役立つ実践的な内容を習得しやすい、③実際の仕事ぶりをみながら従業員の状況に応じた個別指導ができる、④文字や数字で表現しづらい事柄でも教えやすいといったメリットがある。また、⑤部下や後輩を育てることが上司・先輩自身の成長につながるという副次的な効果も期待できる。

ただし、業務経験に強く関連づけられた育成方法であるという点から、いくつかのデメリットが生じる。それらは、①担当業務に直結しない能力などの習得が難しい、②その時々で必要となる能力などを個別に教わることで、体系的な理解が阻害されやすい、③指導役である上司や先輩の能力や意欲によって、OJTの内容や効果にバラつきが生じてしまうといったものである。

Column 8 - 1

職場における学習

〔経験学習〕

企業が提供する様々な人材育成の機会を、従業員はどのように自らの成長につなげているのだろうか。この点については、従業員が職務遂行能力を習得する過程を「学習」として捉えたうえで、心理学や教育学などの知見を生かした議論が蓄積されてきた。そこで参照される考え方の１つに、デービッド・コルブによって提唱された経験学習モデルがある。

経験学習モデルは、経験・内省・概念化・実践の４つの段階を繰り返すサイクルからなる（図８－１）。すなわち、従業員の学びは、ある活動を通して何らかの具体的な経験をしたあとに（経験）、そこで得た成功体験や失敗体験を振り返り（内省）、そこから今後の活動に役立つ教訓を引き出す（概念化）。そして、引き出した教訓を別の活動に適用し（実践）、新たな経験を得て、さらに別の教訓を引き出す、という段階を繰り返す。

【図８－１　経験学習モデル】

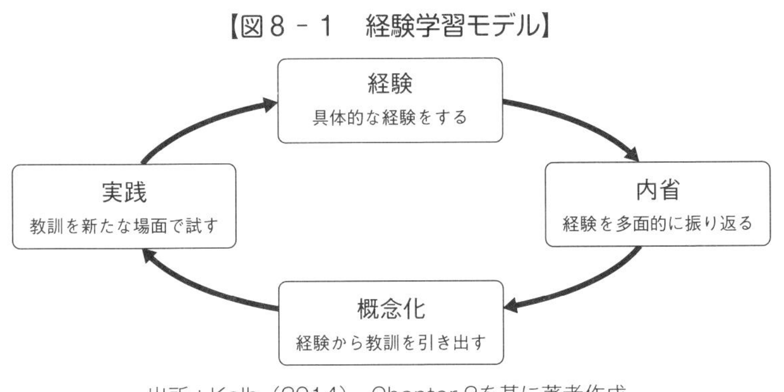

出所：Kolb（2014）、Chapter.2を基に著者作成。

〔職場学習の活性化策〕

このような学習サイクルを想定すると、企業や上司・先輩、あるいは同僚は、学習する従業員に対してどのような支援を行うべきだろうか。特に、職場のなかでの学習をいかに活性化するのかという観点から、２つの方向性を示しておこう。

１つは、成長につながる良質な経験の提供である。適度に難しく明確な課題に取り組ませたり、内省から得られた教訓を活かす実践の機会を与えたりすることが重要とされる。また、経営者やリーダーを育てる際に有用な経験としては、新規事業の立ち上げや赤字部門の再構築・撤退などの「修羅場」や「一皮むける経験」が挙げられている。

もう１つは、経験についての内省の支援である。新たな気づきを得られるように、客観的な意見を与えたり、本人が気づいていないような視点を提供したりすることが欠かせない。また、意外と見落としがちだが、内省の機会を持つように働きかけることも重要である。日常業務に追われていると、経験を重ねるだけで手一杯になってしまう恐れがあるためである。

◈ 仕事から離れての人材育成

日常業務の場から離れて研修を受けることで能力などの習得を図る人材育成には、企業が内容や方法を決定したものに従業員が参加するOff-JT（off the job training）と、従業員が内容や方法を決定して自発的に取り組む自己啓発の２つがある。

Off-JTは、企業内の会議室や研修所、あるいは企業外の教育機関に受講者を集めて、講義やグループワークを実施するかたちで行われるのが一般的である。解決すべき課題や伸ばすべき能力を同じくする従業員を集めて行うが、その集め方によって階層別研修、職種別研修、テーマ別研修に分類することができる。階層別研修は、新入社員研修や年次別研修、管理職研修などのように、職種や部門を問わず、同じ階層に位置する従業員を集める。職種別研修は、営業・人事・経理などの職種ごとに従業員を集める。そしてテーマ別研修は、階層や職種を問わず、取り扱うテーマに関する学びの機会を要する従業員を集める。

これらのOff-JTは、①日常業務を通じて学ぶことが難しい専門的な能力などを習得できる、②これまでの経験や習得した能力などの体系的な整理に役立つといったメリットをもつ。そのため、日常業務のなかで行われるOJTの成果を振り返り、さらなる成長につなげるための補完的なものとして用いられることが多い。また、③日常業務の場では関わらない人たちとの人脈づくりにも役立つ側面がある。しかし、日常業務を離れて行うことから、実施コストの出費を要したり、研修期間分の仕事がストップしたりするデメリットをともなう。

自己啓発は、従業員が興味・関心に応じて就業時間外に行う取り組みを企業が支援するものである。大学院や専門学校、通信教育などに関する情報提供や、それらを受講する際の金銭的援助、社内での自主的な勉強会を開く際の会場や諸経費の援助が代表的である。また、日常業務に忙殺されて自己啓発の余裕がない従業員が多いとされており、就業時間への配慮や自己啓発休暇の付与などの支援も行われている。

◈ 日本企業における人材育成の実態

厚生労働省が毎年実施している「能力開発基本調査」によれば、日本企業では、企業側が育成方針の決定権を握り、従業員の広範囲を対象として、OJTを重視した人材育成が行われている傾向にある。この傾向は、年ごとに多少の変動はあるものの、企業規模の大小や正社員・正社員以外の別を問わず、近年の調査結果に継続してみられている。

他方で課題となっているのは、企業主導の人材育成が上手く機能していないという点である。人材育成について何らかの「問題がある」とする事業所は、2010年調査では67.5%、2019年調査では76.5%あり、特にここ数年は人材育成に問題のある事業所の増加傾向がうかがえる。2010年以降の調査をみると、事業所が抱える人材育成に関する問題点（複数回答可）の上位3つは、「指導する人材が不足している」「人材を育成しても辞めてしまう」「人材育成を行う時間がない」が占めている。

5 人材育成の新たな展開と課題

◈ エンプロイアビリティとキャリア開発

日本企業における人材育成には、さらなる課題がみられる。それは、企業特殊的能力の習得を目指した企業主導の人材育成を進める背景にあった、安定的な長期雇用にかかわる心理的契約に揺らぎが生じつつあることである。その揺らぎを受けて、企業に雇用され続ける能力としてのエンプロイアビリティ（employability）と、企業と従業員が共通認識のもとでキャリアを形成する調和過程としてのキャリア開発に注目が寄せられている。ある特定の企業だけで通用する能力の育成から、個人の職業生活全体とそこで活きる能力を創りあげることに方向性を改めようとしているのである。

近年の日本企業では、企業の「求める人材像」と従業員の「なりたい自分」の双方を整合させる仕組みが模索されている。１つのイメージとしては、現在の所属企業で雇用されつづけるための能力を指す内的エンプロイアビリティは企業主導、他社でも現在と同等またはそれ以上の待遇で雇用される能力を指す外的エンプロイアビリティは従業員主導で向上させるというかたちが分かりやすいだろう。この他に、研修内容の一部を従業員が自由に選べるようにする選択型研修や、異動や人材育成に関する意思表示をできるようにする自己申告制度や社内公募制度、社内FA制度といった、内的エンプロイアビリティの向上にかかわる取り組みに従業員の意向を一定程度反映させる仕組みの導入も進んでいる。

◈ タレント・マネジメント

他方で、企業活動の中核を担うことが期待される一部の従業員については、企業主導の度合いをより強めた人材育成やキャリア開発を行おうとする動きがみられる。つまり、従業員の広範囲を対象とした画一的な仕組みから、対象となる従業員を限定した個別的な仕組みへの転換が進みつつある。その具体的な施策には、選抜型研修やサクセッション・プラン（後継者育成計画）が挙げられるが、ここではそれらに通底する考え方の１つであるタレント・マネジメント（talent management）について整理しておこう。

タレント・マネジメントの基本的な思想は、企業業績の向上に対して大きな影響をもつ職務や役割（キー・ポジション）を選定したうえで、その現任者や後任候補者を「タレント」と位置づけて優先的に扱い、計画的に管理しようというものである。タレントは、一般的に想起される経営幹部やグローバル・リーダーに限らず、特定の機能や技術、地域に長けた人材が選定されることもある。例えば、中国事業の拡大を重点課題に掲げる企業では、中国語をネイティブ・レベルで操り、かつ現地の商習慣や法制度、文化に詳しい人材がタレントとみなされうる（**表８－１**）。

【表８－１　キー・ポジションの考え方とタレントの具体的イメージ】

キー・ポジションを考える基準	タレントとして選定される人材のイメージ
リーダーシップ	次世代経営幹部候補 あらゆる階層のリーダー人材（グローバル・リーダーを含む）
戦略的機能	きめ細やかな顧客対応力を持つ販売員（高級デパート） 安価な大量仕入れを実現するバイヤー（ディスカウント店）
戦略的技術	代替エネルギー（地熱やバイオ燃料）に明るい人材（石油企業） EV化を支える電子工学や情報通信に長けた人材（自動車企業）
戦略的地理	重点地域でのシェア獲得競争を勝利に導きうる人材

出所：Avedon & Scholes（2010）、73－122頁を基に著者作成。

人材育成面では、先述した対象者の絞り込みのほかに、習得すべき経験や能力などが対象者ごとに明確化され、かつそれら経験や能力などを短期間のうちに計画的に習得させようとすることが特徴的である。例えば、「すぐにでも担当可」「１～２年後に担当可」「３～５年後に担当可」などと比較的短い時間軸で区切って、その期限までに特定のキー・ポジションを担うにふさわしい能力などが身に付けられるように仕事経験や研修機会を付与する。これにより、必要な能力などを有した人材を必要なタイミングで確保し活用できるようになることが期待されている。

◈ 生涯現役時代の人材育成とキャリア

日本では、全就業者に占める65歳以上高齢者の割合が年々高まっており、2019年には13.3%と過去最高を記録した。また2021年４月には、従業員の70

歳までの就労機会確保を努力義務とする法律が施行された。働く人びとの職業生活の期間がさらに延びる可能性を想定すると、人材育成やキャリア開発は、どうあるべきだろうか。

加齢にともなう諸問題を学際的に論じる老年学（ジェロントロジー）では、人間の知能や記憶機能には、加齢とともに弱くなる部分とそうでない部分があることが指摘されている。たとえば、新しい情報を獲得・処理する能力である流動性知能は、30歳代以降は横ばいで60歳代から徐々に低下し、80歳代では20歳代の水準を下回る。他方で、過去の経験や知識を活用する能力である結晶性知能は、60歳代まで緩やかに向上し、そのあと低下しても80歳くらいまでは20歳代の水準と同等に留まるという。

この事実からは、多少の個人差はありうるにせよ、若いうちから結晶性知能を高める取り組みを積極的に行っていれば、歳を重ねても活躍できる機会が広がるということが示唆される。結晶性知能を高めるためには、様々な経験を積み、そこからの学びを続けることが欠かせない。若い読者にとっては、新たな経験への挑戦意欲や、経験をきちんと内省する力を伸ばすことがまず重要になるのではないだろうか。

Column 8-2

キャリア発達

〔働くひとのキャリア形成〕

大学の授業で「あなたのキャリアを考えよう」と言われたとき、多くの人は卒業後の就職先について思案するのではないだろうか。しかし、それでは「長い目でみた仕事生活のパターン」とも定義されるキャリアのごく一端しか捉えていないことになる。1人ひとりのキャリアは、職業人生のなかで時間をかけて、環境との相互作用によって創りあげられていく。その一連の過程をキャリア発達と呼ぶ。

キャリア発達には、異動や昇進・昇格などによって単一企業のなかで築かれる組織内キャリア発達と、他社への転職や自らの起業などによって複数の企業にまたがって築かれる組織間キャリア発達がある。前者については、階層と職能、中心性の3つの次元からキャリア発達を考えるキャリア・コーンによって説明される。また後者を考えるにあたっては、バウンダリレス・キャリアと呼ばれる概念が参考になる。

〔キャリア・アンカー〕

40年近くの長きにわたる職業人生を通して、私たちは自身のキャリアをどのように創りあげていけば良いのだろうか。1つの鍵となるのは、職業に関する能力や欲求、価値観の自己イメージをあらわすキャリア・アンカーである。職業生活を送るうえで絶対に譲れないことを意味するものとも言えるだろう。エドガー・シャインは、代表的なキャリア・アンカーを8つの類型にまとめている（**表8－2**）。

【表8－2　キャリア・アンカーの8つのタイプ】

キャリア・アンカーの類型名	どのようなことに重きを置くのか？
専門・職能別コンピタンス（TF）	専門的な技術を活かすタイプ
全般管理コンピタンス（GM）	リーダーシップを発揮するタイプ
自律・独立（AU）	独立して自由に活動するタイプ
保障・安定（SE）	安定性を重視するタイプ
起業家的創造性（EC）	創造的な発想を活かすタイプ
奉仕・社会貢献（SV）	社会貢献に意欲的なタイプ
純粋な挑戦（CH）	挑戦的に活動するタイプ
生活様式（LS）	仕事とプライベートの両立を重視するタイプ

出所：シャイン（2003）を基に著者作成。

キャリア・アンカーの確立には職業に就いてから5～10年程度を要するとされている。質問票への回答によって自己診断することもできるが、大学生の読者には、まずは「3つの問い」について考えることを勧めたい。その問いとは、①自分は何が得意か（能力）、②自分は何がやりたいのか（欲求）、③どのようなことをやっている自分なら、意味を感じ、社会に役立っていると実感できるのか（価値観）である。これらの問いに対する答えから、自分らしく働くためのヒントが得られるだろう。

6 おわりに

この章では、職務遂行能力の形成にかかわる人材育成と、働く個人の仕事経験の連なりとしてのキャリアの形成にかかわるキャリア開発について学んできた。日本企業においては、企業のニーズの充足を優先した企業主導の人材育成が行われる傾向が維持されながらも、そこに個々の従業員のニーズを反映させる仕組みを取り入れて、従業員のキャリアを企業と従業員がともに創りあげようとするキャリア開発を行うかたちに変容しつつあると整理することができる。つまり、企業特殊的能力を備えた「求める人材像」に合致した人材を育てたいという企業のニーズと、自らのキャリアを主体的に形成しながら「なりたい自分」に育ちたいという従業員のニーズをともに満たすための考え方や具体的な仕組みが模索されているのが現状であるといえるだろう。

キャリア開発を重視する流れが進むなかでは、企業と従業員の双方に新たな姿勢が求められるようになる。それは、個々の従業員がエンプロイアビリティの向上に取り組む一方で、企業は優秀な人材から雇用主として選ばれうる能力としてのエンプロイメンタビリティ（employmentability）を高める努力をしなければならないというものである。エンプロイメンタビリティを高めるうえでは、キャリア自律支援や専門能力開発機会の提供などを通して、従業員のエンプロイアビリティ向上を熱心に支援する姿勢を打ち出した「人を育てる会社」としての評判を得ること（雇用主ブランディング）が重要であるとされる。つまり、人材育成やキャリア開発の仕組みをどのように構築し、運用していくのかということは、これまで述べてきた個々の従業員の能力を向上させることだけでなく、人材の獲得や定着にかかわる企業間競争に打ち勝つことにも大きく影響する、企業にとって重要な課題となっているのである。

? 考えてみよう

① 職務遂行能力には、「一般的能力と企業特殊的能力」とは異なる捉え方が複数みられる。その例として「カッツの３能力」や「社会人基礎力」について調べたうえで、大学生活のうちにどのような能力を向上させるべきか考えてみよう。

② 仕事経験から多くの教訓を引き出して成長につなげる手法の１つであるコーチン

グについて調べ、指導者と学習者がどのような関わり合いを持つのが望ましいかを考えてみよう。

③　あなた自身のキャリア・アンカーは、どのようなものだろうか。インターネット上で提供されているキャリア・アンカー診断や、Column８－２にある「３つの問い」を参考にしながら考えてみよう。

次に読んでほしい本

☆個人と組織のニーズを踏まえた人材育成のあり方について、詳しく学ぶには…。

佐藤厚（2016）『組織のなかで人を育てる－企業内人材育成とキャリア形成の方法』有斐閣。

☆企業における人びとの学びを捉える理論について、詳しく学ぶには…。

中原淳編（2006）『企業内人材育成入門－人を育てる心理・教育学の基本理論を学ぶ』ダイヤモンド社。

☆働く人びとのキャリアについて、詳しく学ぶには…。

金井壽宏（2002）『働くひとのためのキャリア・デザイン』PHP研究所。

第9章

報酬管理

1 はじめに

皆さんは企業から支給される「報酬」というと、何をイメージするだろうか。毎月、受け取る「給料」と夏と冬に支給される「賞与（ボーナス）」だけと思っていないだろうか。また、就職活動や転職活動する際に、企業の待遇の良し悪しを毎月受け取る給料や年収の金額の高さで判断していないだろうか。実際、従業員は企業から様々な形態で報酬を受け取っている。それでは、報酬とはどのようなものがあり、どのように機能しているのだろうか。

2 ミニケース：給与と待遇の違い

夏休みを利用してある会社のインターンシップに参加した樹は、夏休みが終わり再開したゼミの終了後、久しぶりに会ったゼミのメンバー数人と大学近くのカフェでお互いの近況を報告し合った。話題の中心は夏休みに参加したインターンシップについてである。

桂木さん　「今年の夏休みは何をしていた？　いつもはバイトだったけど、今年はインターンシップに参加したよ。来年は就職活動だからね。」

若菜さん　「私も来年の就職活動に備えてインターンシップに参加したわ。インターンシップ先は、もちろんずっと志望しているアパレルメーカー！いろんな部署を経験できた。バイヤーの経験もできて、アパレルメーカーに就職したい気持ちが強くなったぁ～。」

樹　「もちろん、インターンシップに参加したよ。若菜さんのように希望する業界が決まっていないから、IT企業と銀行に参加してみたよ。」

桂木さん　「２週間ぐらいインターンシップをしていて、いろんな経験をさせてもらったし、職場の人たちはとても親切だったから、就職活動の相談をお願いしたら、いろいろアドバイスをもらえたよ。やはり就職先はどの業界でどのような仕事をしたいのかを考えておくのはもちろんだけど、給料だけではなく、福利厚生もしっかり調べておいた方が良いと言われたよ。「給料が高い＝待遇が良い」と思っていたけど、違うのかな？」

若菜さん「もちろん、給料は高い方がいいけど、将来、子どもを産んでも働き続けたいから、子育てのサポートが充実している会社を考えている。ゼミで「ワーク・ライフ・バランス」を実践している会社を調べたら、社員満足度が高く、子育て中の社員が多く活躍していることがわかったわ。将来のパートナーと協力しながら子育てをしたいからね。」

樹「やはりどのくらい給料をもらえるのか知りたくて、インターンシップの時に担当してくれた人に聞いてみたら、IT企業は若手社員でも結果を出したら給料が上がっていくみたいだけど、銀行の場合、若手社員は給料にあまり差がないようだった。でも、福利厚生は銀行の方が独身寮とか社宅とかいろいろ充実していてよかったなぁ。」

企業によって従業員の待遇に違いがあることがわかったが、なぜ企業によって待遇に違いがあるのだろうか。また、給料などはどのような仕組みになっているのか。樹はゼミ活動で調べてみようと思った。

3 報酬管理の捉え方

◈ 報酬とは？

従業員は企業で働くことで賃金や賞与などの様々な形で金銭的報酬（経済的報酬）を企業から受け取る。すなわち、経済学でいうと従業員は企業と労働（働くこと）を取引（提供）して、対価（報酬）を受け取ることを意味する。従業員にとって金銭的報酬（経済的報酬）は生活を支える源泉になるが、企業にとっては経営活動を支える労働費用というコストである。

「報酬」というと、一般に基本給（月例給）、手当、賞与などの賃金をイメージしてしまうが、賃金はそのなかの一部であり、企業にとって競争力を高めるために報酬全体をどのように管理するかが問題であり、その管理活動が報酬管理である。また、報酬には上記の経済学の側面の他に心理学の側面もある。心理学の代表的なモチベーションの理論の１つである期待理論を報酬に当てはめてみると、企業は従業員の労働意欲（モチベーション）を引き出して、事業活動の生産性を高めることに貢献してもらうことを従業員に求める（**Column９－１**）。労働の対価として支払う金銭的報酬を高くすると労働費用が増大し、企業経営を悪化させる。そこで、企業は成績優秀者に表彰状や盾を手渡して表彰する表彰制度等を活用して、従業員の労働意欲を引き出す工夫をしている。こうした金銭以外の報酬は非金銭的報酬と呼ばれる。

こうしてみると、報酬は金銭的報酬（経済的報酬）と非金銭的報酬とに大別され、本章ではその中心である金銭的報酬を取り上げる。金銭的報酬（経済的報酬）は、現金を従業員に直接支給する現金給与と間接的に支給する現金以外の給与から構成され、前者の管理分野は「賃金管理」、後者の管理分野は「福利厚生と退職給付の管理」と呼ばれる。

報酬管理を考えるには、その中核をなす金銭的報酬に関わる労働費用の構成を確認することが必要であり、**図９－１**はその全体像を整理したものである。労働費用は大きく現金給与と現金以外の労働費用から構成され、現金給与は「毎月決まって支給する給与」と賞与・期末手当に分かれる。毎月決まって支給する給与は、さら

【図９－１　労働費用の構成】

（単位：％）

<table>
<tr><td rowspan="5">労働費用
（100）</td><td rowspan="4">現金給与
（80.9）</td><td rowspan="3">毎月決まって
支給する給与
（65.8）</td><td rowspan="2">所定内給与
（60.9）</td><td>基本給（51.8）</td></tr>
<tr><td>諸手当（9.1）</td></tr>
<tr><td colspan="2">所定外給与（4.9）</td></tr>
<tr><td colspan="3">賞与・期末手当（15.0）</td></tr>
<tr><td>現金給与以外の
労働費用
（19.1）</td><td colspan="3">法定福利費（11.4）
法定外福利費（1.6）
退職金等の費用（4.5）
その他（1.6）</td></tr>
</table>

（出所）①「労働費用総額」「現金給与総額」とそれを構成する「毎月決まって支給する給与」「賞与・期末手当」、「現金給与以外の労働費用」とそれを構成する「法定福利費」「法定外福利費」「退職金等の費用」「その他」は、厚生労働省「就業条件総合調査」（企業規模30人以上、2015年のデータ）。

②「毎月決まって支給する給与」を構成する「所定内給与」「所定外給与」は、厚生労働省「毎月勤労統計」（事業所規模５人以上、2020年のデータ）。

③「所定内給与」を構成する「基本給」と「諸手当」は、厚生労働省「就業条件総合調査」（企業規模30人以上、2019年11月のデータ）。

に会社が決めた通常の勤務時間（所定労働時間）に対応して支払われる所定内給与と、所定労働時間を超えた労働時間（いわゆる残業時間）に対して支払われる所定外給与（残業手当）に分かれ、所定外給与は法律で算定基準などの決め方が定められている。所定内給与は基本給と諸手当から構成され、労働費用の約６割を占めている。

4　賃金管理

◈ 総額賃金管理と個別賃金管理

現金給与に関わる管理分野である賃金管理の目的は、賃金コストを適正に維持しつつ、①必要な従業員の確保、②従業員の労働意欲の高揚と有効活用、③労使関係の安定を実現、の３つである。

Column 9-1

期待理論

従業員の生産性を高める経営戦略の一環として従業員のモチベーションを高める取り組みが企業で重視されている。期待理論とは、動機づけのプロセスに着目した心理学のモチベーション理論の1つで、期待が大きければ個人は行動を起こし、期待が小さければ行動を起こすことに熱心でなくなるという理論である。

期待理論における期待は、①報酬が個人にとってどの程度魅力があるかを意味する「報酬の魅力」、②どの程度業績をあげると望ましい報酬が得られるかを考えているかを意味する「業績と報酬の関係」、そして、③どの程度努力すれば、その業績に達することができるかについて考えているかを意味する「努力と業績の関係」の3つの要素から構成されている。この3つの要素を掛け合わせて期待を表し、期待が大きいほどモチベーションが高くなる。

この期待理論は1964年に心理学者ビクター・H・ブルームによって提唱され、1968年にレイマン・ポーターとエドワード・ローラー三世が理論を改良・発展させた。

ブルームの理論は、個人にとって報酬がどの程度魅力があるかを示す「誘意性」と努力をしたら相応の報酬が得られるという「期待」を掛け合わせたものが個人の動機づけの高さを決める考え方である。つまり、期待が大きく、誘意性が大きいほど、個人の動機付けが強まるのである。

ポーターとローラーの期待理論は、ブルームの期待理論に報酬への満足度という指標を加えた考え方である。つまり、ブルームの理論では報酬を給与等の外的報酬のみと設定しているのに対し、ポーターとローラーの理論における報酬は外的報酬と満足度という内的報酬を含めている。

こうした目的を持つ賃金管理は大きく「総額賃金管理」と「個別賃金管理」の2つの分野から構成され、総額賃金管理は全従業員に支払う賃金の総額（賃金総額）をどの程度にするかを決める管理分野である。賃金総額（とくに増加分）を決める際に、経営戦略と経営業績に基づいて設定する基本原則のもと、経営の支払い能力からみた適正水準を維持する企業性が重視される。しかし他方で、賃金は従業員の生活の基盤になる所得の源泉である側面もあるため世間並み水準を確保するという社会性も求められ、日本では春闘がこの社会的な相場形成に重要な役割を果たしている（第13章参照）。したがって、企業性と社会性の2つの側面を配慮して企業は総額賃金管理を行うことが必要となる。

もう１つの個別賃金管理は、総額賃金管理によって決まる賃金総額に基づいて従業員１人ひとりの賃金（個別賃金）を決める管理分野であり、その中で最も重要な分野は賃金総額の個人への配分ルール（賃金制度）を設定する賃金制度の管理である。近年の法律改正により同一労働同一賃金が企業に求められつつあるなかでその重要性がさらに高まっている（Column９－２）。

賃金制度の管理活動は、主につぎの２つである。第１は基本給と手当の組み合わせをどうするか、またどのような種類の手当をつくるのか等、賃金要素の合理的な構成を決めることである。労働費用の構成でみたように日本の賃金は基本給、賞与、手当、所定外給与から構成されている。ただし、法律によって算定基準が定められている所定外給与を除くと、基本給、賞与、手当が賃金を構成する主要な賃金要素であり、その中で労働費用に占める比率が最も大きい基本給は個別賃金管理で重視されている。その理由は、第１に従業員の生活の基盤になっていること、第２に従業員に対する企業の評価・格付けの金銭的指標であること、第３に賞与、手当、退職給付等の算定基礎になっていることがあげられる。

◈ 基本給の決め方

賃金制度の第２の管理活動は賃金要素ごとに個人への配分ルール（決め方）を決めることである。個別賃金管理で重要な基本給の決め方には、大きく①職務の難易度・困難度・責任度などの職務の価値によって決める職務給、②職務遂行能力によって決める職能給、③年齢・学歴、勤続年数等の属人的要素によって決める属人給の３タイプがある。日本では、職務給と職能給を総称して仕事給と、仕事要素・属人要素を総合的に勘案して決める給与を総合（決定）給と呼称されている。これら基本給タイプには、それぞれメリットとデメリットがあり、企業は両方を勘案して合理的な基本給の仕組みを設計している。一般に大企業では従業員の生活保障を重視するため年齢や勤続年数等によって決める生活給と職能資格制度に対応した職能給がとられ（**図９－２**）、職能給には同一資格等級内に給与の幅を持たせ、範囲を定める資格等級別のレンジ・レートが用いられている。

Column 9-2

同一労働同一賃金

同一労働同一賃金とは、「会社に対して同じ価値をもたらす労働（同一価値労働）であれば、払う賃金は同じであるべき」という賃金の決め方のルールで、欧米諸国等では一般的となっている。この同一労働同一賃金に対する日本と海外の考え方は必ずしも一致していない。世界で広く使われている「同一労働同一賃金」は、同じ仕事をしているのであれば人種・性別・年齢など属人的要素の違いによる賃金の格差が発生しないという考え方である。それに対して、日本の考え方は同じ企業で働く正規雇用労働者（無期雇用フルタイム労働者）と非正規雇用労働者（有期雇用労働者、パートタイム労働者、派遣労働者）の間の不合理な待遇差の解消を目指すことを目的としたもので、政府が進めている働き方改革の一環として、企業は同一労働同一賃金に取り組んでいる。

厚生労働省は雇用形態にかかわらない均等・均衡待遇を確保し、同一労働同一賃金の実現に向けたガイドラインを策定している。対象となる待遇は賃金だけではなく、福利厚生、キャリア形成・能力開発などのあらゆる待遇である。ここでポイントとなるのは、「均等待遇」と「均衡待遇」である。均等待遇とは、①職務内容と、②職務内容・配置の変更の範囲、つまり人材活用の仕組みが同じ場合、非正規雇用労働者の待遇を正規雇用労働者と同じ取扱いにするものである。ただし、職務内容や人材活用の仕組みが異なる場合でも、手当や福利厚生は同一の支給を行わなければならないとしている。

均衡待遇とは、正規雇用労働者と非正規雇用労働者の働き方に違いがある場合に、その違いに応じて、均等待遇の①と②に加えて③その他の事情の違いに応じた範囲内で待遇を決定する必要があることである。同一労働同一賃金の実現に向けて、企業は報酬管理の見直しに取り組むことが求められている。

◈ 昇給の仕組み

つぎに基本給の上がり方は、一般に昇給と呼ばれ、多くの企業で毎年昇給が行われる。昇給には、大きく、①賃金制度に基づき制度的に保障されている昇給の「定期昇給（定昇）」と、②賃金制度の改定に基づく昇給の「ベース・アップ（ベア）」の2つのタイプがある。定期昇給について、例えば、ある企業の賃金制度は社員格付け制度の資格等級に対応した賃金が決められ、毎年、人事評価によって資格等級が１ランク以上上がるように設計されているとする。定期昇給は、この制度のルールに基づいて、毎年、上がった資格等級のランク数だけ賃金額が上がることを示している。しかし、こうした賃金制度を導入する企業でも賃金水準が競合他社に比べて低い場合、優秀な人材が確保できなかったり、高い賃金水準を求めて他社に転職したりする恐れがあり、この問題を解決するために賃金水準を高くする。ベース・アップは賃金制度を見直すことによって同じ資格等級ランクでも対応する賃金額が上がることを示している。

【図９－２　基本給と昇給の構造】

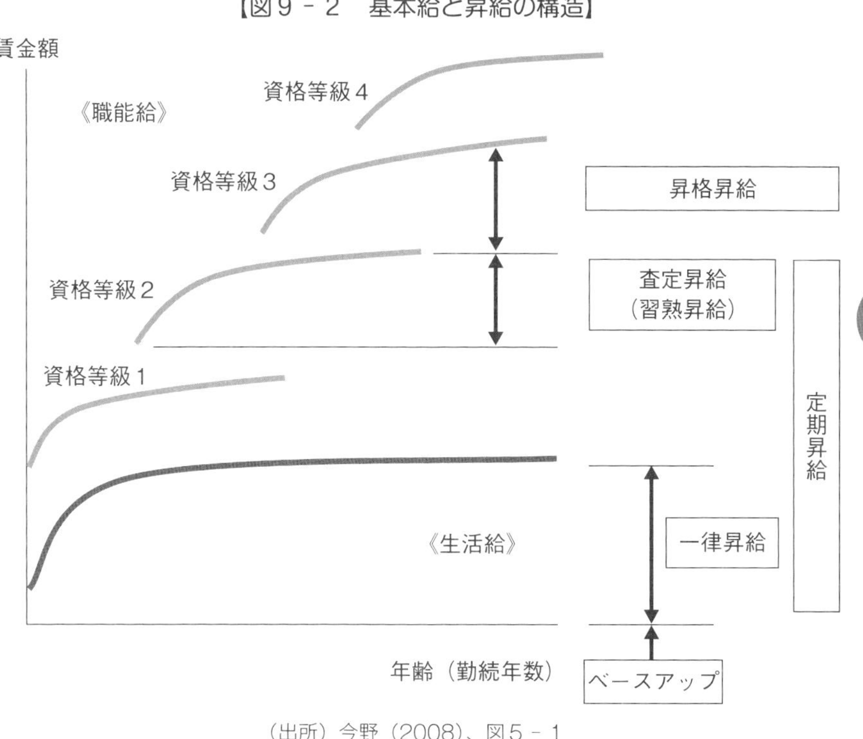

（出所）今野（2008）、図５－１

図９－２に示すように、一般に生活給と職能給からなる日本の基本給構成の下での定期昇給には２つの形態がある。第１は一律昇給で、年齢とともに自動的かつ一律に賃金額が上がる生活給の昇給である。第２は査定昇給（あるいは習熟昇給）で、同一資格等級内での職能給の昇給であり、人事評価により一定の昇給格差が設けら

れている。さらに、職能給は同一資格等級内に昇給の上限が設けられているため、従業員が継続して昇給していくためには、上位の資格等級に上がる（昇格）ことが必要になる。この昇格による昇給は昇格昇給と呼ばれる。

以上をみてきたように、従業員の毎年の昇給は「定期昇給（一律昇給＋査定昇給）＋昇格昇給＋ベース・アップ」によって決まる仕組みになっているが、現実には定期昇給とベース・アップを区分していない企業も多く存在しており、昇給の仕組みを理解する際にはこの点を注意する必要がある。

◈ 手当と賞与

手当と賞与は基本給では対応できない側面やない機能を持つ賃金要素である。まず手当は従業員の生活ニーズに応える側面と労働の特殊性に応える側面の２つの側面を持つ賃金要素で、前者は生活関連手当、後者は職務関連手当と呼ばれる。手当の決め方は、例えば、通勤手当は自宅から職場での通勤に要する金額について全額（あるいは設定した上限まで）を負担する決め方、家族手当は生計を１つにする家

【表９－１　手当を支給する企業の比率（2019年11月現在）】

手当の種類（%）		採用企業比率（%）
職務関連手当	業績手当	13.9
	役付手当	86.9
	特殊作業手当	12.2
	特殊勤務手当	24.2
	技能・技術手当	50.8
	精皆勤・出勤手当	25.5
生活関連手当	通勤手当	92.3
	家族・扶養手当	68.6
	地域・勤務地手当	12.2
	住宅手当	47.2
	単身赴任・別居手当	13.1
	寒冷地・食事手当	15.3
調整手当		31.5
その他の諸手当		13.9

出所：厚生労働省「就業条件総合調査」

族構成に応じた決め方等、それぞれの特性に応じた決め方がとられている。こうした側面をもつ手当の種類と企業の採用比率を示した**表９－１**をみると、生活関連手当では通勤手当、家族手当、住宅手当の比率が、職務関連手当では役付手当、技能・技術手当の比率がそれぞれ多く、企業が支給する代表的な手当となっている。

賞与の機能はつぎの３つである。第１は経営業績に連動して賃金の総額を決める機能、第２は個人の賃金を会社に対する従業員の貢献（つまり個人の成果）に合わせて弾力的に決めるという機能、第３は弾力的に賃金を決めることによる総労働費用の節約効果の機能である。第１と第２の機能は経営業績や個人の成果に合わせて賃金を弾力的に決定するという「賃金の変動費化」機能が賞与に組み込まれている特徴を、第３の機能については、基本給を上げるとそれを算定基礎にしている所定外給与、退職給付等も上がり、総労働費用が増大するが、賞与の場合にはそれを小さく抑えることができる特徴を持っている。こうした賞与の決め方は一般に「算定基礎給×支給係数」の方式がとられ、算定基礎給は基本給が用いられ、支給係数は人事評価に基づいて決められる。

5　福利厚生と退職給付の管理

◈ 福利厚生管理

福利厚生とは「社員およびその家族の福祉の向上」のために、現金給与以外の形で企業が給付する報酬の総称であり、給付の制度を立案し、それを運用するための管理活動が福利厚生管理であり、法定福利厚生と法定外福利厚生の２つの管理分野に分かれる。

法定福利厚生は公的な社会保険システムの一翼を担うことを目的とする福利厚生で、企業は法律で義務づけられている健康保険、年金保険、介護保険、雇用保険、労災保険等の保険料の負担、保険料徴収の事務代行等を行っている。法定福利厚生に関する企業の裁量の余地はなく、しかもそのための費用を政府の政策（法令や政令）によって定められた費用（法定福利費）として負担することが義務づけられているため、法定福利費は固定費的な性格をもっている点に特徴がある。

法定外福利厚生は、「社員の生活の安定を保障することを通して、人材の確保と定着、労使関係の安定をはかる」ことを目的とする福利厚生である。一般には単に「福利厚生」と呼ばれ、企業は独自の裁量で管理活動を展開しており、社宅や独身寮などがその代表的な内容である。法定外福利厚生に対して企業は従業員の生活保障を重視する方針をとっているため、地位や仕事の成果にかかわらず、生活のニーズに合わせて従業員に報酬（法定外福利厚生）を平等に配分する特徴をもつ。

こうした福利厚生に企業が負担する費用について前掲の図９－１をみると、企業は労働費用の13％（法定福利費と法定外福利費の合計）を負担し、そのほとんどが法定福利費で占められている。企業が独自の裁量で行う法定外福利厚生の制度については、表９－２にあるように、住居関連、医療保険関連、生活援助関連、文化・体育・娯楽関連の４つから構成される。その費用は2016年現在、１人当たり7,438円で、その約半分（49.4％）が住居関連の費用で占めており、法定外福利厚生の重要なものであることがわかる。

【表９－２　法定外福利厚生の概要と費用構成（2016年）】

（単位：％）

項目	
住居に関する費用	49.4
医療保険	23.5
医療保健に関する費用	12.2
私的保険制度への拠出金	9.2
労災付加給付の費用	2.1
生活援助	14.0
食事に関する費用	8.0
慶弔見舞等の費用	3.3
財形貯蓄等への拠出金	2.7
文化・体育・娯楽に関する費用	5.5
その他	7.6
構成比（％）	100.0
１人当たり法定外福利費（円）	7,438

出所：厚生労働省「就業条件総合調査」

◈ 退職給付管理

退職給付とは、それまで勤めていた会社を退職（雇用契約の終了）する際に従業員に支払われる報酬の総称で、給付の制度を立案し、それを運用するための管理活動が退職給付管理である。この退職給付は２つの側面を持っている。１つは永年勤続を奨励するための功労金であるという企業の考え方（功労報奨金説）の側面、もう１つは賃金の後払いであるという労働組合の考え方（賃金後払い説）の側面である。現在では賃金後払い説が実質的に主流となっている。その理由は第１に退職金の支給額があらかじめ制度化されていること、第２に退職給付が会計原則によって、企業は退職給付制度に基づいて退職金の原資の積み立てが義務づけられていることである。

こうした退職給付には退職時に全額を支払う「一時金（退職一時金）」方式と、厚生年金基金などの企業年金制度のもとで支払う「年金（企業年金）」方式の２つから構成され、一般に「退職金」と呼ばれる給付制度は「退職一時金」を指してい

【表９－３　大卒・事務技術系社員（総合職）のモデル退職金の構造（2017年）】

	会社都合		自己都合		会社都合の勤続年数１年当たり月数（月）	会社都合の勤続年数１年当たり金額（千円）	自己都合の会社都合に対する比率（%）
	退職金総額（千円）	月収換算（月）	退職金総額（千円）	月収換算（月）			
勤続３年（年齢25歳）	721	2.9	317	1.3	0.97	240	44.0
勤続５年（年齢27歳）	1,244	4.5	615	2.3	0.90	249	49.4
勤続10年（年齢32歳）	3,297	9.4	1,915	5.5	0.94	330	58.1
勤続15年（年齢37歳）	6,287	14.9	4,312	10.2	0.99	419	68.6
勤続20年（年齢42歳）	10,106	20.1	8,224	16.5	1.01	505	81.4
勤続25年（年齢47歳）	15,080	27.8	13,011	24.0	1.11	603	86.3
勤続30年（年齢52歳）	21,836	35.6	19,707	31.9	1.19	728	90.3
勤続35年（年齢57歳）	25,910	43.4	24,346	40.2	1.24	740	94.0
勤続38年（年齢60歳）	28,005	45.7	26,320	42.7	1.20	737	94.0

出所：中央労働委員会「平成29年退職金、年金及び定年制事情調査」

る。昭和期の高度成長期は退職一時金が主流であったが、現在は退職一時金と企業年金の併用が主流となっている。この退職一時金の給付額の決め方は一般に「算定基礎給×支給率×退職事由による係数」の方式がとられている。算定基礎給は退職時の基本給が用いられ、支給率は勤続年数にリンクして、退職事由による係数について自己都合退職者は低く、会社都合の退職者は高く設定されている（**表9－3**）。

こうした決め方を企業がとるねらいは、企業の中核業務を担う基幹的な従業員の定着を促進することであり、勤続年数が長くなるほど（特に定年退職者に）有利になり、逆に勤続年数が短く、自己都合で退職する従業員には不利になる仕組みになっている。若手社員が多い従業員構成の時は退職給付の負担が小さく機能していたが、従業員構成が高齢化・長期勤続化が進むと負担が大きくなり企業経営を圧迫する。少子高齢化が進む中で、退職給付の負担の増大が多くの企業で経営課題となり、退職給付制度の改革（退職一時金の給付額の決め方、企業年金制度の見直しなど）が進められている。

6 おわりに

本章では、労働（働くこと）の対価として従業員が企業から受け取る報酬について、その概念と管理活動の仕組みを学んだ。一般に「報酬」というと「賃金」、すなわち毎月支給される基本給や年収、つまり現金給与を中心とする金銭的報酬（あるいは経済的報酬）を連想してしまうが、金銭的報酬については福利厚生や退職給付等の現金給与以外の給与があること、さらに金銭的報酬の他に成績優秀者を表彰する表彰制度などの非金銭的報酬もあることを説明した。

なかでも金銭的報酬は企業からみると労働費用であり、労働者１人を雇用するために企業が負担する費用である。利益を拡大するには企業は売上を増やし、費用を少なくする必要がある。費用の１つである労働費用の最小化を進めすぎると従業員の労働意欲を低めることに加えて、優秀な人材を確保することが難しくなり、企業経営の悪化を引き起こすことになってしまう。労働費用を適正に維持しつつ、事業活動に必要な人材を確保し、従業員の労働意欲を引き出すことによって経営目標の実現を図っていくためにも、報酬管理活動が企業で重視されているのである。

将来、皆さんが企業への就職活動や転職活動を行う際に、会社の待遇面の良し悪しを現金給与（賃金）、なかでも初任給（基本給）の水準で判断してしまうことが考えられる。しかし、本章で学んできたことからわかるように、現金給与だけではなく、福利厚生や退職給付などの現金給与以外の給与を含めた金銭的報酬、さらには非金銭的報酬を含めた報酬全体で判断していただきたい。つまり、就職先や転職先として考えている企業の報酬管理の仕組みを丁寧に調べていくことで、企業が従業員に対してどの程度、期待しているのか、どう評価しているのかを知ることができる。

？考えてみよう

① 非金銭的報酬の代表例として表彰制度を紹介したが、その他にどのような制度があるかを調べ、企業のねらいを考えてみよう。

② 日本企業と外資系企業では賃金制度の決め方が異なることが知られているが、その理由について考えてみよう。

③ 企業に裁量の余地がある法定外福利厚生についての企業の新しい取り組み事例を調べ、そのねらいについて考えてみよう。

次に読んで欲しい本

☆最新の賃金管理の動向について詳しく学ぶには…。

今野浩一郎（2021）『同一労働同一賃金を活かす人事管理』日本経済新聞出版。

☆第２次世界大戦後からの賃金の変遷について詳しく学ぶには…。

田口和雄（2017）『戦後賃金の軌跡—鉄鉱・電機企業の検証』中央経済社。

☆海外（アメリカ）の賃金制度ついて詳しく学ぶには…。

笹島芳雄（2008）『最新 アメリカの賃金・評価制度—日米比較から学ぶもの』日本経団連出版。

第10章

退職管理・雇用調整

1　はじめに
2　ミニケース：70歳までの雇用
3　高齢者雇用
4　定年・雇用延長
5　雇用調整
6　おわりに

1 はじめに

物事には始まりと終わりがあり、企業で働く場合は採用と退職がそれにあたる。退職とは企業と従業員の雇用関係の終了を意味し、①定年など事前合意した条件に基づく場合、②転職や家庭の事情などにより社員が自発的に決定する場合（自己都合退職）、③解雇など企業が決定する場合、の３つに大別される。日本では①が中心だが、近年、企業や個人を取り巻く環境の変化により、退職管理の重要性が増している。そこで本章では、退職管理と重要な施策である雇用調整を学ぶ。

2 ミニケース：70歳までの雇用

ある日の杜野家。家族全員で夕食の食卓を囲みながら、葵が職場での出来事を話している。

葵「会社を辞めた先輩から引き継いだ仕事でトラブルがあって……。でも、前の営業部長が定年後も営業部に残ってくれているから、アドバイスを貰えて、すごく助かったわ。」

樹「えっ？　定年になったら、会社を辞めるんじゃないの？」

薫「2004年に法律が変わって、企業には、定年後も引き続き働くことを希望する社員を65歳まで雇用することを義務付けているんだ。葵の会社は、定年制を維持したまま65歳まで再雇用する、いわゆる継続雇用の仕組みを導入しているんだったね。」

樹「定年が65歳になるのとは違うの？」

葵「定年は60歳のままなんだけど、定年を機に正社員としての雇用契約が終わって、その後は１年毎に雇用契約を更新するんだって。前部長は営業の経験が長かったから、営業部門のサポート役として、引き続き営業部で仕事をしているの。」

樹「定年したのにまだ働くなんて、僕には考えられないな。」

薫「日本は少子高齢社会で、労働力不足が予測されているから、政府も元気な人はできるだけ長く働いてもらいたいと考えていて、法律も改正されているんだ。それに、経済的な理由で働く人だけでなく、海外と比べても『年齢に関わりなく働けるうちは働きたい』と考えている人も多いんだよ。柊一郎おじいさんだって、75歳だけど、定年がない会社でバリバリと働いているだろう。」

樹「本当だ。」

梓「そういえば、最近ニュースで見たけれど、法改正で2021年からは70歳までの人に就業機会の確保を企業の努力義務とするとか……。」

薫「健康寿命も延びているし、定年退職するのではなく元気なうちは働きたいという人も増えているから、企業にとって高齢期の社員の人事管理をどうするかということは、重要な問題なんだ。」

樹「でも、会社の業績が悪かったりすると、定年前でもリストラで会社を辞めされられちゃうこともあるんでしょ？　そういうニュースを見たよ。」

薫「会社は仕事量に応じて必要な人員数を調整するために、リストラなどの雇用調整をすることがあるけれど、そのためにはいくつかのルールがあって、そう簡単にできるわけではないんだよ。ゼミではまだ勉強はしていないのかな。」

樹「ちょっと興味がでてきたから、調べてゼミで報告してみようかな。」

3　高齢者雇用

日本は若年人口の減少を背景とし、労働力が絶対的に不足するなかで、諸外国と比べて急速に高齢化が進んできた。経済活動から引退した高齢者を経済的に支えることは、社会にとって大きな負担となることが予測されるとともに、不足する労働力を高齢者で補う必要があり、政府は年齢に関わりなく働ける社会を構築するために、様々な政策を講じている。

高齢化の進展状況は高齢化率（全人口に占める65歳以上人口の割合）でみることができる。一般的に、高齢化率が7%を超えると高齢化社会、14%を超えると高齢社会、21%を超えると超高齢社会といわれるが、日本は1970年に高齢化社会、94年に高齢社会、2007年に超高齢社会となり、総務省の推計によると2020年の高齢化率は28.7%である。

こうしたなかで、60歳以降も働く人は増加傾向にあり、就業者全体に占める60歳以降割合は21.1%（1,142万人）で、働く人のおよそ５人に１人は60歳以上である。雇用者数では、男性は18.8%（619万人）、女性は16.5%（448万人）で、60歳を過ぎても多くの人が働いていることがわかる。

一方、働く側の意識も変化している。もともと海外と比べ、日本は高齢者の就業意欲が高かったが、法改正の影響もあり、定年を機に仕事を辞めるのではなく、引き続き働く人が増えている。**図10－１**に示すように、高齢者を対象とした調査では、

【図10－1　就業希望年齢】

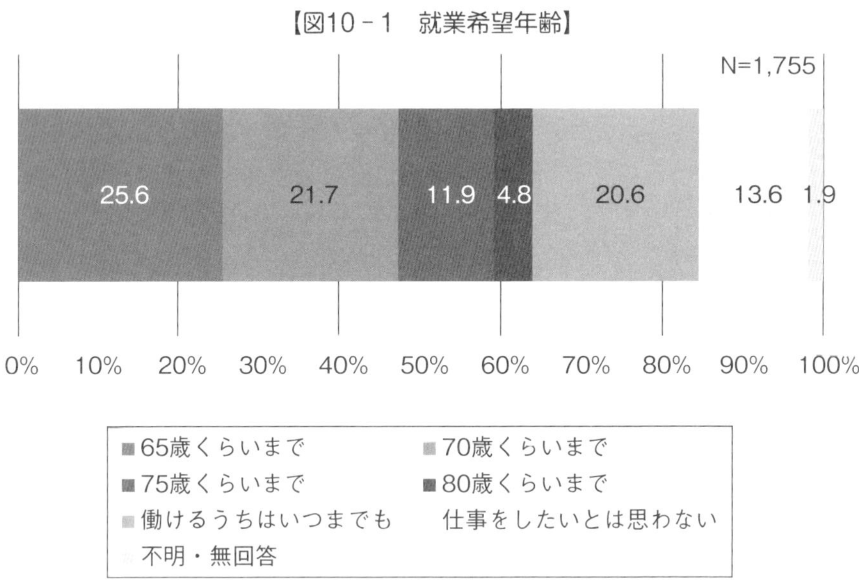

出所：内閣府「令和元年度 高齢者の経済生活に関する調査結果」図表２-２-１-１を基に著者作成。

60歳以降も働きたいと考える人は多く、収入を伴う仕事について「働けるうちはいつまでも働きたい」と回答したのは42.0%で、「70歳くらいまで」あるいはそれ以上という回答を含めると約８割が就労を希望している。内閣府が2018年に行った世論調査では、公的年金や退職金への不安や貯蓄不足など、老後への十分な準備ができていないことから、特に中高年層において定年後も働く必要を感じる傾向が強い。

企業はこうした環境要因を所与のものとして人事管理を考える必要が生じている。つまり、高齢者を重要な戦力ととらえて人材活用を図らなくてはならず、これは喫緊の課題となっている。なお、国際的に65歳以上を高齢者とすることが多いが、本章では後述する定年制との関係から、60歳以上を高齢者と呼ぶ。

◈ セカンドキャリア

セカンドキャリアとは、直訳すると第二の人生における職業だが、一般的には、定年前後をにらんだ社員の中高年期のキャリアを指す。60歳以降も働く人が増えていることから、企業にとって、中高年期から社員のキャリアを管理することが重要な課題となっている。**図10－２**に示すように、セカンドキャリアには、自社やグループ企業内で継続して雇用する場合と、退職して他社に転職や独立開業する場合があり、退職管理もこうしたセカンドキャリアとの関係の中で考える必要がある。

例えば、定年後も自社等で引き続き雇用を希望する人を60歳以降も雇用した場合、高い専門能力を有する人が活躍する傾向にある。日本企業の場合、どのような仕事を経験するかは企業主導により決まる傾向が強いことから、企業は60歳以降も活躍できる人材を計画的に育成していく必要が生じる。合わせて、社員が自らのセカンドキャリアを考えられるよう、キャリアの節目ごとにキャリアを考える研修やキャリアカウンセリングの実施が欠かせない。

このほか、転職や独立開業への支援策としての休暇制度や、退職金の上乗せなどによる経済的支援を加味した早期退職制度など、多様な施策を講じる必要がある。

◈ ライフシフト

平均寿命、健康寿命ともに世界でトップクラスに入る日本は、人生100年時代が現実のものとなりつつある。さらに、テクノロジーの進歩や人口構造の変化、個

【図10－2　多様な退職と高齢期のセカンドキャリア】

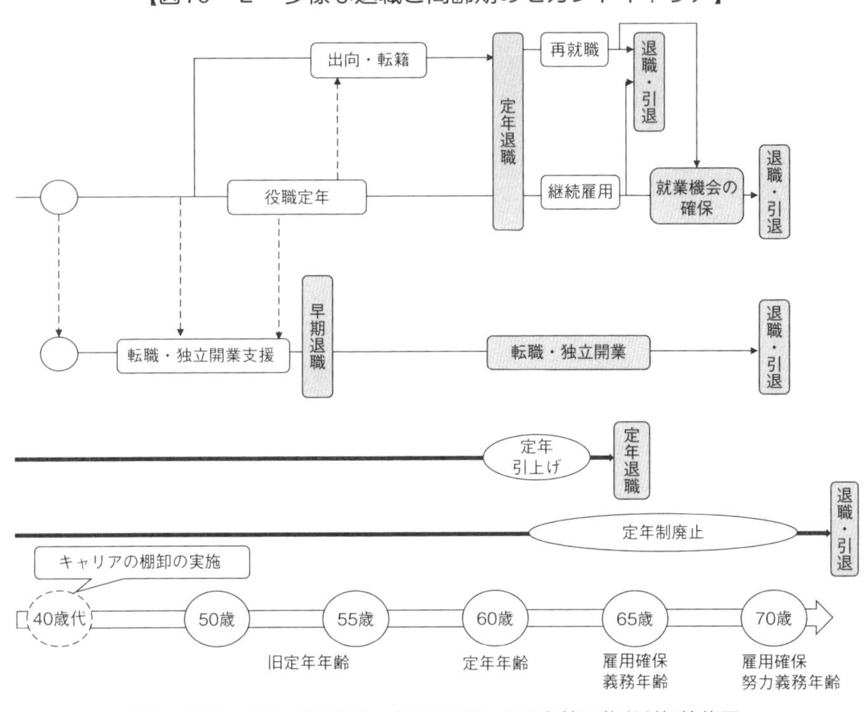

出所：今野・佐藤（2020）、306頁の図13.3を基に著者が加筆修正。

人のライフスタイルの多様化など、世の中が急速に変化するなかで、人々は高齢期まで働かなくてはならない。こうした時代に即した働き方が求められている。2016年に日本語訳が出版されベストセラーとなったリンダ・グラットン、アンドリュー・スコット著『ライフ・シフト』によると、20世紀は「教育」「仕事」「引退」という3つのステージで構成され、同世代の人たちが同時期に同じステージを選択するという画一的な生き方が定着した。しかし、長寿社会では人生のあり方は根本から変わり、仕事のステージが長期化すると同時に、3つのステージ以外のステージも登場する。人々は、多様な選択肢から柔軟にステージを選び、マルチステージの人生を歩むという。つまり、これまでより多様で柔軟な生き方が可能となるのである。

こうした社会に対応するために、企業も多様性に対応する必要が生じる。結婚、出産、定年など、画一的な生き方を前提に作られてきた様々なライフイベントによる退職のあり方を見直すだけでなく、働いている途中で学び直しのために退職するケースなども想定し、より柔軟な退職管理を行う必要性が高まっている。

4 定年・雇用延長

◈ 定年制

定年制とは、一定の年齢に達したことを理由に、社員を一律に退職させる仕組みである。日本企業では、正社員は定年で退職することが一般的であったが、近年では、法的にも希望者は定年後も働き続けることが担保され、定年は厳密な意味で雇用関係の終了とは言いきれない側面もでている。そこで、ここでは歴史的な経緯を含めて、日本企業の定年制の現状について確認する。

現在、定年を定める場合には60歳を下回ることは法律で禁じられており、多くの企業で60歳定年制が導入されている。そもそも60歳定年が一般的になったのは、1980年代以降であり、この流れは1986年の高年齢者雇用安定法で60歳定年を努

【表10－1　定年制の状況と「高年齢者雇用安定法」改正の推移】

1986年	高年齢者雇用安定法により、60歳定年を努力義務化
1990年	定年後の再雇用を努力義務化
1994年	60歳未満定年制を禁止（1995年施行）
2000年	65歳までの雇用確保措置を努力義務化
2004年	65歳までの雇用確保措置の段階的義務化（2006年施行） 65歳未満の定年を設定していた企業は、①定年廃止、②定年年齢の65歳以上への引上げ、③定年制を維持したまま、65歳まで再雇用する仕組み（いわゆる「継続雇用制度」）の導入、のいずれかを選択。ただし、「企業内で65歳まで引き続き雇用する者の選定基準を労使協定や就業規則等で定めることができる」という条件が認められていた。
2012年	希望者全員の65歳までの雇用を義務化（2013年施行） 選定基準設定の廃止
2020年	70歳まで働く機会の確保を努力義務化（2021年施行） 70歳まで働く機会の確保とは、①定年延長、②定年廃止、③継続雇用制度の導入、④定年後に起業やフリーランスを希望する人と業務委託を結ぶ、⑤自社が関わる社会貢献活動に従事させる、のいずれかの措置を講じること。

力義務化したことでさらに加速した（**表10－１**）。

定年制は、明治期に50歳と定められたのが始まりとされる（間、1978）。当時の平均寿命はおよそ43歳であったことを考えると、定年で雇用契約を終了することは職業人生からの引退というよりも、一生を終えるまで雇用されるという、文字通り「終身雇用」であったといえる。定年制が広く日本企業に普及するようになったのは、第二次世界大戦後の高度経済成長期である。この頃は定年年齢を50歳や55歳とする企業が多かったが、これは平均寿命が延びたことや年金支給開始年齢の影響などによるものである。同時に、50歳の定年以降も再就職をする人が増加した時代でもあった。1970年には男性の平均寿命は69.3歳となり、社会的な要請の高まりを受け、大企業を中心に多くの企業で定年年齢が60歳に引き上げられ、その後の法制化へと続くことになる。

1990年代以降は、少子高齢化の進展にともない、定年制があっても、それ以降も働きたい人全員を65歳までは雇用しなくてはいけない仕組みに変わり、定年を超えた社員の多くが65歳まで働き続けることができるよう、段階的に幾度かの法改正が行われている。さらに、2021年からは高年齢者雇用安定法の改正により、希望者に70歳までの就業機会を確保するための措置を講じることが企業の努力義務となった。このような社会の変化のなかで、定年を65歳に引き上げたり、廃止したりする企業も増えつつある。

最後に、海外の定年制について確認しておこう。もともとアメリカでは年齢差別禁止の観点から定年の定めはなかったが、他の欧米先進国でも1980～90年代にかけて多くの国で定年制を廃止している。その結果、現在でも定年を定めている国は、韓国、シンガポール、ベトナムなどアジアに多く、ヨーロッパではフランスなどの一部の国となっている。

◈ 雇用延長

今後は、年齢に関わりなく働きたい高齢者が活躍し続ける生涯現役社会の実現が期待されているが、企業にはまだ課題も多い。

退職管理との観点でみると、定年制をどうするのかという問題がある。労働力が不足している企業では、これまで長い間働くことで経験を積み、能力も意欲もある高齢者には定年前と同じ活躍を期待するため、定年という区切りを設ける必要性は低く、定年の延長や廃止を選択する。一方、労働力が不足していない企業では、定年退職による自然減という雇用調整機能を維持することと、定年を機に高齢者とこれまでの雇用関係を終了して新たな雇用契約を結ぶことを目的とし、定年制を維持する傾向がある。現在、多くの企業では、定年後は１年契約の有期雇用とし、定年前とは異なる高齢者用の人事管理を行っている。

また、高齢者に生涯現役として活躍してもらうだけでは、若者を育成する機会を逃してしまうことになりかねない。定年を機に第一線で活躍するだけでなく、現役社員が成果を上げるサポートをするよう役割を変えるとともに、中高年層のセカンドキャリア管理のなかで、改めて出向・転籍や、一定の年齢で役職を外れる役職定年制などの仕組みを再構築することが求められている（図10－２）。例えば、役職定年制を活用し、働く期間の長期化にともなう役職者の在任期間の延びを抑え、若手の昇進を妨げないようにする。この時、役職を外れた高齢者の仕事経験を活かすのであれば、同じ職場で引き続き仕事をしてもらうのが望ましいが、そうすると元の部下が上司になることになり新しい上司が指示命令をしにくいという問題が起こることもあり、役職を外れた者にどのような仕事をしてもらうかということも、人事管理上、重要な課題である。あるいは、従来は50歳代後半から社員に考えてもらうことが多かった高齢期のセカンドキャリアについて、もっと早い段階から考えてもらうことで、転職や独立開業なども含めた自社内にとどまらない働き方を選択してもらうことも必要になる。

さらに、高齢者の健康問題についても考えなくてはならない。昔に比べると現在の60歳代は体力も気力も十分あるが、65歳以降は個人差が大きくなる。高齢者がいつ病気やケガなどで退職するかは予測が難しいが、健康状態に配慮した働き方を整備する一方で、後継者の育成を行っておくなど、突然の退職に備えることも重要である。

5 雇用調整

雇用調整とは、事業活動の拡大・縮小に合わせて雇用量を調整することで、通常は、必要とされる雇用量の縮小に伴う調整を指す。雇用調整の方法は、労働時間や余剰人員などを直接的に削減する数量調整と、賃金調整に大別され、両者の組み合わせにより実施される（**図10－３**）。

1940～60年代にかけ、数々の解雇をめぐる労使の対立を経て、企業は解雇を

【図10－3　雇用調整策の実施体系】

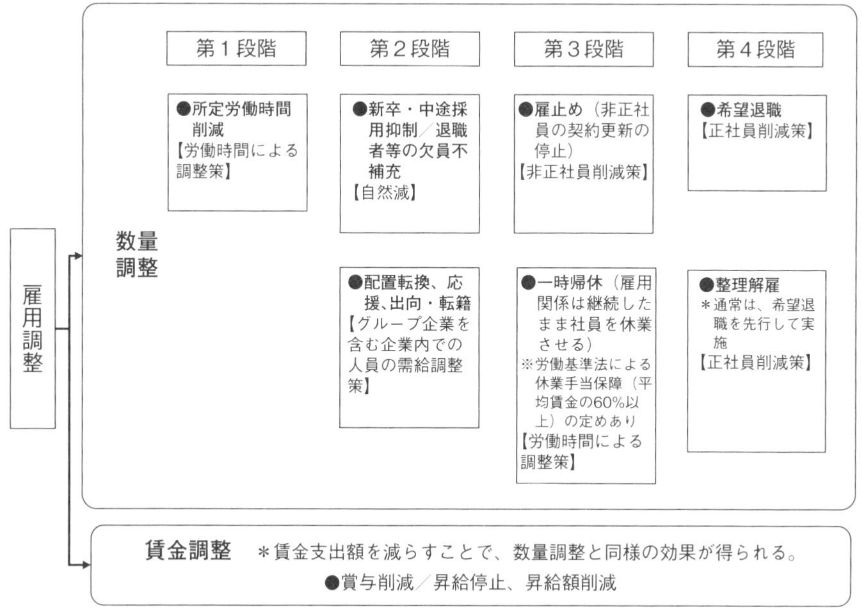

雇用調整の最終手段とする代わりに、配置転換や労働時間調整などの施策を、社員の生活に影響が小さいものから段階的に行う傾向にある。

◈ 整理解雇の４要件

日本は、制定法上は企業の解雇自由の原則を認めているが、解雇に関する裁判の判例を積み重ね、「整理解雇の４要件」とよばれる判例法理が確立し、これが満たされない限り解雇権の濫用として解雇は無効とされてきた。４要件とは、①企業にとって経済的理由による人員削減の必要性がある、②解雇回避のための努力義務として、労働時間削減や配置転換、希望退職などの解雇回避措置を尽くす、③被解雇者選定の妥当性・基準の公平性がある、④解雇の必要性について労働者への説明・労働組合との協議を行う、である。この法理は、現在は労働契約法に「解雇は、客観的に合理的な理由を欠き、社会通念上相当であると認められない場合は、その権利を濫用したものとして、無効とする」（労働契約法16条。2008年３月に施行）と明文化されている。

Column10-1

ワークシェアリング

ワークシェアリングとは、直訳すると「仕事を分かち合うこと」となり、1人当たり労働時間を削減し、仕事を複数の人で分かち合うことで、雇用の維持や創出を図ることを指す。

本文でも触れたが、労働時間の削減により雇用調整を行う場合、最初に削減されるのは、残業や休日出勤などの所定外労働時間である。しかし、期待する解雇回避効果が得られない場合、さらなる労働時間削減として所定労働時間を減らす施策を採り、ワークシェアリングを行うことがある。

具体的には、①1日当たり、または週当たりなど、事前に定めている労働時間を減らす、②所定労働時間から控除を認める休暇や休業を増やすことで労働時間を減らす、方法がある。①の典型事例は、雇用維持のために緊急措置としてワークシェアリングを実施したドイツのフォルクスワーゲンである。1993年に、従業員約10万人のうち3万人を解雇する代わりに、2年間限定で所定労働時間を週36時間から28.8時間かつ週4日勤務とし、年収約10%ダウンとした。また、フランスでは、1990年代後半から2000年代初頭にかけ、政府が主導して週の所定労働時間を削減することで、雇用維持だけでなく、失業者の雇用に繋げることを目的として、ワークシェアリングを行った事例もある。②の事例は、ヨーロッパの多くの国でみられる。国により詳細は異なるが、おおむね、企業は、社員に育児や介護、教育訓練などを目的とした比較的長期の休暇・休業の取得を認め、その間に代替要員として失業者を雇用する仕組みである。

一般的に、日本で行われるワークシェアリングは、緊急措置的なケースが多く、その他のタイプが普及しているとは言い難い。しかし、「ライフシフト」の項でも紹介したように、人々の働く期間が長期化し、仕事と生活のスタイルも多様化するなかで、それを実現する1つの施策として、様々な形でのワークシェアリングが改めて注目されている。

図10－4はG7各国の解雇法制の厳格さを示しており、得点が高いほど解雇が難しいとみることができ、日本は比較的解雇が難しい国に分類される。図中で得点が最も低い米国は、随意雇用の原則により、経済的理由より企業は自由に人員整理できる。ただし、通常は解雇ではなく、雇用契約を一旦終了するが、のちに再雇用される権利を有するレイオフ（一時解雇）を行う。この時、勤続年数の長い従業員から順に人事上優遇される権利（先任権）が労使交渉で認められている場合は、勤続

【図10－4　G7各国の雇用保護指標（2019年）】

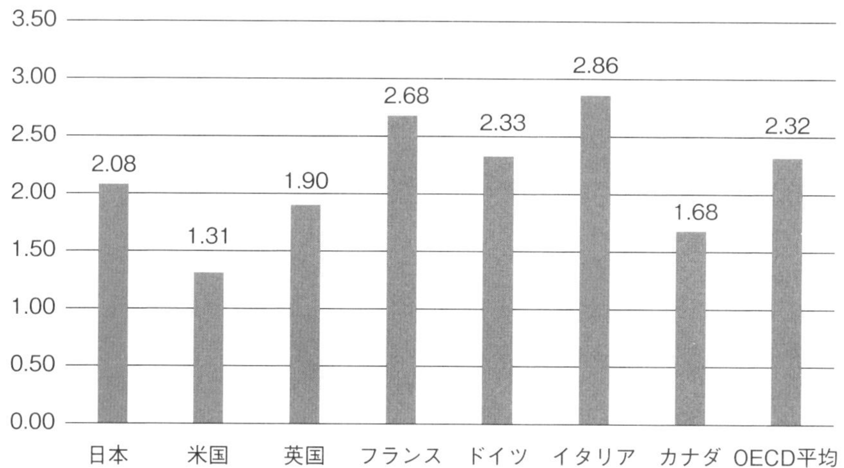

注）雇用保護指標（Employment Protection Legislation indicator）は、雇用者の解雇に関する規制の強さを示す指標で、正規雇用23項目、臨時雇用８項目の要素について解雇規制の強さを０-６点で評価し、ウエイト付けして指標化したもの。表中の数値は正規雇用に対する個別解雇規制及び集団解雇規制を含んだ数値（個別解雇規制5/7 集団解雇規制2/7のウエイト）で、数値が大きいほど、解雇規制が強い。

出所：OECD「OECD. Statistics」を基に著者作成。

年数が短い従業員から順に必要人数がレイオフされ、労働力需要が回復すると、勤続年数の長い者から優先的に再雇用される。

同図でOECD平均と同程度のドイツは、民法典で解雇予告期間を、解雇保護法で一般的な解雇規制を規定している。解約告知期間は従業員の勤続年数が長いほど長く設定され、緊急の経営上の必要性に基づかない解雇は、「社会的に不当」として法的に無効となる。また、従業員代表である事業所委員会は従業員の利益のために企業と協議や共同決定する権利を有するため、企業は解雇通告に先立ち、①解雇理由、②解雇される人数と職種、③常時雇用される人数と職種、④解雇実施時期、⑤解雇の人選基準、⑥退職一時金の算定基準、の情報を提供し、解雇の回避や影響の緩和について協議する必要がある。

なお、解雇が不当と判断された場合、日本の解雇権濫用法理では雇用関係の継続を強制するが、欧米では金銭的賠償を認めている国が多い。

◈ 早期退職

早期退職とは、定年退職前に組織からの申し出に応じて社員を退職させる仕組みで、常態的に退職をしやすくする早期退職制度と、経営リスク回避策としての希望退職制度が存在する。

Column10-2

心理的契約

これまでの日本企業は、正社員を中心に、従業員の雇用と生活を守るという社会的な要請のもと、定年まで一律的に雇用保障をするのが一般的であった。企業はよほどのことがない限り社員を解雇せず、働く側も自分が解雇されることはないと考え、加えて、多くの企業が年功制をとっていたことで、年齢や勤続に応じて昇進し、それに合わせて賃金も上がるものとして、ジョブ・ローテーションや人事異動が企業主導で行われることを受け入れ、定年まで同じ企業に勤めることを選択してきた。企業と社員の間では、定年まで必ず社員を雇用するという契約書を交わしてはいないが、暗黙の約束として成立していると捉えることができる。

デニス・ルソーによると、契約には、法的な強制力を持つ文章化された契約と、そうした文章には記載されない約束とがあり、後者が心理的契約と定義される。心理的契約は、あくまでも当事者の一方が、当事者間の良好な関係維持と相互利益に結び付くものとして、「互いにこういう義務を負っている」と主観的に認知することによって生じるもので、両者が共有や了解している必要はない。一種の相互に期待しあう暗黙の了解である。法的な強制力がないのに心理的契約が守られるのは、当事者が目先の利益のために契約不履行を選択した場合、社会的な評判が低下することで、長期的には不利益が生じる可能性が高いからである。

服部（2013）は、こうした心理的契約が日本企業の人事管理を支えてきたと指摘する。しかし、近年、長期雇用や年功制などの見直しを行う企業もみられ、働く側からすると心理的契約の不履行となるケースが増えている。心理的契約を反故（ほご）にされたと感じると、働く側のモチベーションは低下し、生産性に影響を及ぼす。これは企業にとっては無視できないコストである。このコストを最小化するためには、従来の心理的契約に変わる新しい契約を考えるときがきているといえよう。

第10章

早期退職制度とは、定年前に社員が自ら雇用契約の終了を選択し、退職しやすくする制度である。企業から社員に対して退職を促す意味合いがある場合と、そうでない場合があるが、ビジネスを取り巻く環境の変化が激しくなる中で、社内の労働力の需給バランス是正を目的とするほかに、積極的なセカンドキャリア支援策としても活用される。社員に積極的に退職を選択してもらおうとすると、通常の退職よりも社員に有利な条件を提示し、利用を促すように制度を構築することになる。一般的には、通常の退職時よりも退職金を割り増しする、特別な有給休暇を付与するなどの金銭的なインセンティブを設定する。同時に、利用する社員層や応募者数をコントロールすることで、一定の社員の入れ替わりを促進する。例えば、対象層については、制度が適用される最低勤続年数や最低年齢、職種や部門などを、応募者数については人数制限を設けるなどの適用条件を設定する。

希望退職制度は、企業が直面している、あるいは将来の経営リスクに備え、一時的に期間と人数を限定して早期退職者を募る制度である。これに応じて退職する社員には、早期退職制度と同等以上の金銭的なインセンティブや、再就職支援などの優遇措置が用意される。なお、前述の雇用調整を行うに当たり、希望退職の募集などを行わずにいきなり整理解雇を行うと、解雇回避努力義務を怠ったとして解雇が無効とされる場合がある。

近年、業績悪化による希望退職制度の実施だけでなく、定年後の働き方が長期化する社員の高齢期のキャリアを管理し、支援するための１つの施策として、転職や独立を支援する制度やなどとあわせて早期退職制度を再整備・実施する傾向があり、特に対象層となる中高年社員の絶対数が多い大企業でその傾向が顕著である。

6　おわりに

終身雇用が典型的な働き方であった時代は、企業が主導的に社員のキャリアや職業人生を考え、退職までをマネジメントすることが当たり前であった。しかし、これは「人生50年時代」にできた慣習であり、65歳以降も働くことが当たり前となりつつあるなかでは、実態に合わなくなってきている。

働く側からみると、個人の価値観やライフスタイルが多様化するなか、新卒で入社した企業に勤め続け、常にスキルアップを図り、高い生産性を上げて働き続けることは、必ずしも容易ではない。加えて、若いうちから転職や独立を志向する人も増えている。そうなると、社員のキャリアは自らが考えて創り、退職もその一環として考えることが望ましい。

一方、企業の側は、雇用期間の長期化にともない、企業内では高齢者の割合が高まるため、全員に雇用保障をすることは難しく、従来型の高齢期のセカンドキャリアの延長線上で退職管理を考えるだけでは不十分となる。そのため、社員が企業に所属している間は事業活動に貢献し成果を発揮してもらうことを基本としつつも、もっと早い段階から社員のキャリアの節目や転換期を見据え、社員が次のステージに進みやすくするための退職のあり方を考える必要がある。また、企業が期待する貢献を望めない人に対しては、雇用関係を円満な形で終了させる仕組みを構築することも必要となる。例えば、社員からみると、定年制は年齢というルールが明示されており、どのような時に退職しなくてはいけないかがわかりやすい仕組みといえる。企業が社員に対して、定年前であっても退職してもらう政策をとる場合には、その条件やルールを明示し、社員が円満に退職できる環境を整備することが求められている。

？考えてみよう

① 定年後も引き続き同じ企業で働き続ける人が増えるなか、多くの企業は60歳定年制を維持している。企業は、なぜ定年を60歳にしたまま、引き続き自社の社員を定年後も雇用するという継続雇用制度を導入しているのか。課題はないのか。定年制の機能に着目して考えてみよう。

② あなた自身について考えてみよう。例えば、自分が何歳まで働くのか、セカンドキャリアとしてどのような働き方があるのか、自身が高齢期になるまでにどのような準備が必要かなどを、独立行政法人　高齢・障害・求職者雇用支援機構の「65歳超雇用推進事例サイト」（https://www.elder.jeed.go.jp/）を参考に考えてみよう。

③ 企業が早期退職を行うことについて、あなた自身はどう思うか、考えてみよう。

次に読んでほしい本

☆人生100年時代における企業の課題と個人の働き方について、詳しく学ぶには…。

リンダ・グラットン、アンドリュー・スコット（2016）『ライフ・シフト』（池村千秋訳）東洋経済新報社。

☆戦後からの政策の流れや法改正も含めた定年制について、詳しく学ぶには…。

濱口桂一郎（2014）『日本の雇用と中高年』筑摩書房。

☆定年後のキャリアや働き方の実際について、詳しく学ぶには…。

朝日新聞特別取材班（2021）『老後レス社会－死ぬまで働かないと生活できない時代』祥伝社。

第11章

労働時間管理

1 はじめに

1日24時間、はあらゆる人にとって平等で限りある資源である。働く人たちは、フルタイムなら概ね1日の3分の1以上を労働に充当している。労働時間管理は、企業の人事管理における重要な1パーツだが、労働時間とそれ以外の時間をどう配分するか、労働時間をどう使うかなど、個人にとっても重要なテーマとなる。本章では、長時間労働がなぜ発生するのか、そのメカニズムについて考察した上で、労働時間制度、休暇・休業制度について解説する。

2 ミニケース：働き方改革って何？

ある休日、母の梓と叔母の杏子が話題のケーキ店にお茶をしに行くという。葵にとって叔母は、小さい頃からかわいがってくれた、就職活動の時にも相談に乗ってくれた恩人だ。母に誘われて葵もお茶についていくことになった。

杏子 「仕事はどう？　忙しいでしょ？」

葵 「忙しいけど営業の仕事が面白くなってきた。でも、先々週から会社の方針で全職場19時絶対退出っていうのが始まってちょっと困ってるの。」

杏子 「なんで？　早く帰れるほうがいいんじゃないの？」

葵 「う～ん、そうなんだけど、営業先から会社に戻って夕方いろいろやることがあるじゃない？　あと30分ぐらいで片付くってときに退出しろって見回りが来て部屋の電気まで消されるとね。その日のうちに終わらせなくちゃいけない仕事もあるから、向かいのカフェに移動してノートパソコンで仕事している先輩もいたりして……。なんでこんなことが始まったのか、ちょっと戸惑ってる。」

梓 「最近話題の働き方改革じゃないの？　パート先の大学事務の人達が、長時間労働だから働き方改革を進めなければって言ってたわよ。」

葵 「働き方改革って何のためにやるの？　帰りたければ帰ればいいし、残りたければ残ればいいんじゃないの？」

杏子「なかなか思い通りにはいかないものなのよ。研究開発もチームが忙しい時期には全員が長時間労働になりがち。それが当たり前になってくると、子育て中の人とかは保育園のお迎えで途中で抜けるのに気を遣うよね。ショックだったんだけど、実は仲良かった後輩が、子育てと両立する自信がなくなったって去年辞めちゃったのよ」

葵「なるほど。職場全体で長時間労働が当たり前になると、自分だけ帰りにくくなるのか。ただ、チームプレイだとそうかもしれないけど、うちの営業は個人単位の仕事も多いから、結構自分で調整できそうなんだけどね。」

梓「働き方改革で無駄な仕事はなくしたほうがいいけど、必要なことはやんなきゃだよね。一律に絶対退出とか、見回りとか、やり方がまずいんじゃないの。見回る人達も大変だよね。」

杏子「自主的に早く帰って下さい、だとなかなか変わらないからそういう対応になるのかもしれないけど、確かに他のやり方もあるかもね。働き方改革は、本来は生産性を上げたくてやっていることだから、逆に下がったら元も子もないし……。」

お茶の時間は、意外なことに「働き方改革」に関する意見交換の場となった。自分の会社は何のために働き方改革をやっているのだろう、もっと他のやり方があるとすればどんなやり方があるのだろう。葵は、週明けに職場の先輩と話し合って一緒に考えてみたいと思った。

3 長時間労働のメカニズム

◈ 労働時間の現状

日本の労働時間は長いと言われているが、１人当たりの平均でみると国際的に突出して長いわけではない。労働政策研究・研修機構『データブック国際労働比較2019』（出典はOECD Database、2019年７月現在）で2018年の年間総実労働時間をみると、日本（雇用者）は1,706時間となっている。例えばイギリス（1,513時間）やドイツ（1,305時間）と比べると長いが、アメリカ（1,792時間）やカナダ（1,721時間）を下回る水準である。

日本の年間総実労働時間は、1980年代には2,000時間を優に超えていた。それを1,800時間まで減らすという政策目標のもと、1987年の労働基準法改正で週48時間制から週40時間制への移行が始まり、週休２日制も普及した。1,800時間という政策目標は2000年代後半にはすでに達成されていたが、労働時間短縮の一番の要因は、1990年代以降、労働時間が短い非正社員が増えたことだと言われている。つまり、非正社員が増えて全体の年間総実労働時間は減ったが、正社員だけでみると労働時間はそれほど短縮していないというわけである。ただ、他の国々にも類似した状況はあり、年間総実労働時間が短いヨーロッパでも、管理職や幹部候補生はそれなりに長時間労働であることが広く知られている。

◈ 長時間労働の要因

なぜ長時間労働が発生するのか。労働時間の決定については、所得が増えると労働者が労働時間を減らして余暇を増やす「所得効果」と、余暇で多くを消費するために労働者が余暇を削って労働時間を増やす「代替効果」によって古くから説明されてきた。一方、労働者による労働時間選択は制約されており、むしろ労働力需要側（企業等）の要因に強く依存すると指摘する研究もある（山本・黒田、2014）。

長時間労働が発生するメカニズムについて考える上では、鶴ら（2010）を基に長時間労働の要因を整理した**表11－１**が参考になる。鶴ら（2010）は、マクロ的視点からみると、経済発展による労働時間短縮はある程度以上になると認められなくなり、国民の選好や法的規制等の様々な要因の影響を受けるとしている。次に、ミクロ的視点からみた労働者の自発的要因として、仕事中毒、金銭インセンティブ（残業代の増加）、出世願望、人的資本の回収（教育コスト等の回収）、プロフェッショナリズム（長時間労働を厭わないプロ意識）をあげている。さらに非自発的要因としてあげられているのは、市場の失敗、雇用調整のためのバッファー確保、職務の不明確さと企業内コーディネーションによる負担、自発的長時間労働者からの負の外部効果である。

【表11－1　長時間労働の要因】

マクロ的視点	ミクロ的視点	
	自発的長時間労働の要因	非自発的長時間労働の要因
・経済発展が基本的には労働時間を短縮させる ・ある程度の所得水準を達成すると労働時間と所得水準に明確な関係がみられない （労働時間は、国民の選好、労働時間に関する法的規制及びその履行状況を始めとして様々な要因の影響を受けるため）	・仕事中毒 ・金銭インセンティブ ・出世願望 ・人的資本の回収 ・プロフェッショナリズム	・市場の失敗 ・雇用調整のためのバッファー確保 ・職務の不明確さと企業内コーディネーションによる負担 ・自発的長時間労働者からの負の外部効果

出典：鶴・樋口・水町（2010）、第１章6-11頁を基に著者が抜粋・整理。

このうち、「市場の失敗」とは、外部労働市場が未発達で転職コストが大きいがゆえに、長時間労働から抜け出せない状況だとされる。前述したとおりヨーロッパでも管理職や幹部候補生の長時間労働は珍しくないが、「過労死」が問題になる日本ほど深刻でないのは、長時間労働が嫌であれば転職という選択をしやすいからという面もある。「雇用調整のためのバッファー確保」は、平時に長時間労働であれば、不況期でも人員削減まではせずに済む（労働時間を減らして調整することが可能）ことを意味している。「職務の不明確さと企業内コーディネーションによる負担」は、例えば上司の指示や役割分担が曖昧で、その確認や調整に時間をとられるケースが該当する。「自発的長時間労働者からの負の外部効果」は、部活動で自分の練習が終わっても、先輩が残っていると先に帰りにくいのと同じように、上司が帰るまで会社に居残るようなケースである。

長時間労働は、このように複雑な要素が複合的に絡み合って発生し、しばしば恒常化してしまう。労働時間の短縮がなかなか一筋縄で進まないのにはこのような事情がある。

◈ 労働時間短縮と働き方改革

本章冒頭のミニケースで葵の職場の働き方改革が話題になったが、昨今多くの企業で労働時間の短縮を含む働き方改革が進められている。この背景には何があるのか。労働時間短縮は、労働者にとっては健康確保やワーク・ライフ・バランス（仕事と生活の調和）の実現、企業にとっては多様な人材の活躍による生産性向上につながることが期待されている（Column11－１）。

しかしながら、労働時間短縮だけで健康確保やワーク・ライフ・バランス、さらには生産性向上が実現するわけではない。また本来は、葵の職場のように労働時間短縮を一律的に押しつけるよりも、むしろ労働者１人ひとりが高い時間意識を持って働けるようにしていく方が重要である。

長時間労働の慣習を打破し、時間意識の高いメリハリのある働き方を実現するためには、労働者個人が自分の時間の「主（あるじ）」となって、時間配分や働き方をマネジメントできるようになることが望ましい。働き方改革においては、労働時間短縮は目的ではなく、あくまでも健康確保やワーク・ライフ・バランス、さらには生産性向上を実現するための手段なのである。

4 労働時間制度

◈ 労働時間の位置づけ・構成

労働時間は法律上どのように位置づけられ、どのような時間から構成されているのだろう。年単位でみると１年は労働義務のある労働日と労働義務のない休日に分けられる。労働日には労働義務が発生するが、法定労働時間は原則週40時間、１日８時間までとされている。ただし、企業が労働者の過半数で組織される労働組合または過半数を代表する者と労使協定を締結し、労働基準監督署に届け出れば、時

Column11-1

ワーク・ライフ・バランス

日本においてワーク・ライフ・バランスへの関心が高まり、2007年に『仕事と生活の調和（ワーク・ライフ・バランス）憲章』が政労使合意のもとで策定された背景には、少子化の急速な進行に対する危機感があった。このため、ワーク・ライフ・バランスというと子育て支援だと誤解されることが少なくないが、本来「ライフ」には子育てだけでなく幅広い意味の生活が包含されており、生活と「ワーク」におけるキャリア形成をどうバランスさせるかが論点となる。2020年に改訂された同憲章には、「誰もがやりがいや充実感を感じながら働き、仕事上の責任を果たす一方で、子育て・介護の時間や、家庭、地域、自己啓発等にかかる個人の時間を持てる健康で豊かな生活」とある。なお、最適なバランスは必ずしも仕事50：生活50というわけではなく、個人によっても時期によっても異なることにも留意が必要である。

日本においてワーク・ライフ・バランスの研究を進めている佐藤博樹は、「仕事上の責任を果たすと同時に、仕事以外に取り組みたいことや取り組む必要があることに取り組める状態」がワーク・ライフ・バランスで、逆に「仕事上の責任を果たそうとすると、仕事以外で取り組みたいことや取り組む必要があることに取り組めなくなる状態」や「仕事以外に取り組みたいことや取り組む必要があることに取り組むと、仕事上の責任を果たすことができなくなる状態」がワーク・ライフ・コンフリクトであると述べている（佐藤、2008）。また、佐藤は企業によるワーク・ライフ・バランス支援において、「多様な価値観、生き方、ライフスタイルを受容できる職場作り」を土台、「社員の『時間制約』を前提とした仕事管理・働き方の実現」を１階、「ワーク・ライフ・バランス支援のための制度の導入と制度を利用できる職場作り」を２階に位置づけている。本章の労働時間管理は特に土台・１階部分と密接に関連しているといえる。

間外労働（いわゆる残業）や休日・深夜労働も認められる。この労使協定は、労働基準法第36条で規定されていることから「36協定」（サブロク協定）と呼ばれている。

一方、企業が就業規則等で定める所定労働時間は、始業時刻から終業時刻までの時間から、休憩時間（法律上少なくとも、６時間～８時間なら45分、８時間超なら１時間）を差し引いた労働時間を指す。所定労働時間は各企業で規定するものなので、法定労働時間と必ずしも一致しない（法定労働時間より短い）場合もある。

所定労働時間を上回る労働時間としては、所定外労働時間（深夜労働を含む）と休日労働時間がある。前述の年間総実労働時間は、年間の所定労働時間、所定外労働時間、休日労働時間を足し上げた数字となる。

◈ 労働時間に対する規制

長時間労働に対する主な規制としては、法定を上回る時間外労働等に対する「割増賃金」と労働時間の「上限規制」がある。「割増賃金」については、時間外労働（月60時間以上の時間外労働には50％以上。ただし中小企業は2023年から）・深夜労働には各25％以上、休日労働には35％以上の割増賃金の支払いが企業に義務づけられている。労働時間の「上限規制」については、2018年の労働基準法改正によって罰則付きで設けられることとなった（2019年施行。ただし中小企業は2020年から）。時間外労働の上限は原則として月45時間、年360時間だが、臨時的な特別の事情がある場合に限り、次の①②③の条件のもとで特例（年720時間まで）が認められる。

① 時間外労働と休日労働の合計が月100時間未満

② 時間外労働と休日労働の合計が、２か月～６か月の平均で80時間以内

③ 月45時間を超える時間外労働は年半分（６か月）まで

なお、労働基準法第41条に定められている「管理監督者」は、経営者と一体的な立場にあると解され、こうした労働時間に対する規制の大部分が適用除外となる。

◈ 多様な労働時間制度

労働時間の配置や管理については、一定の規制のもとで多様性が認められてきた。多様な労働時間制度として、まず変形労働時間制とみなし労働時間制について説明したい。

変形労働時間制は、期間に幅を持たせ、その幅の中で法定労働時間を遵守できることを条件として、週40時間・１日８時間に例外を認める制度で、１年・１か月単位等の変形労働時間制とフレックスタイム制が含まれる。このうちフレックスタイム制とは３か月以内の一定期間（清算期間）における総労働時間の枠内で、労働者が各日の始業・終業時刻を自主的に決定する制度である。実際には１日の労働時間帯が、必ず勤務すべきコアタイムと、その時間帯の中であればいつ出社・退社し

てもよいフレキシブルタイムとに区分されることが多い（コアタイムは必ずしも設けなくて良い）。

ちなみに、アルバイトなどにしばしば適用されるシフト勤務は、変形労働時間制ではなく、交替制と呼ばれるものである。交替制においては、始業時刻と終業時刻の組み合わせ（勤務時間帯）が複数あり、法定労働時間の範囲で、グループごとまたは労働者ごとに勤務時間帯が割り当てられる。たとえば24時間操業の工場や夜勤を伴う病院などでは、２交替制や３交替制がとられることが多い。

次に、みなし労働時間制とは、労働時間の算定が難しい、あるいは通常と同じ算定方法が実態になじまない場合に、労使協定等で定めた時間を労働した時間とみなす制度をいう。外回りの多い営業職などに適用される「事業場外みなし労働時間制」や、業務の性質上労働者の裁量による時間設定がなじむ「裁量労働制」が含まれる。なお、裁量労働制には研究開発などに適用される「専門業務型裁量労働制」と事業運営の企画・立案・調査や分析業務に適用される「企画業務型裁量労働制」がある。

これらの多様な労働時間制度を採用している企業の割合、適用を受けている労働者の割合については**表11－２**を参照してほしい。

この他の多様な労働時間制度として、2018年の労働基準法改正によって2019年に創設された「高度プロフェッショナル制度」がある。この制度は、高度な専門的知識等を活用して専門的な職務に従事する年収1,075万円以上の労働者を対象とするもので、労働者本人の同意などの一定の手続き、休日や健康・福祉の確保措置等を条件として、労働時間に関する規制が適用除外とされる。

【表11－２　多様な労働時間制度の導入状況】

（%）

	変形労働時間制				みなし労働時間制			
		（複数回答）				（複数回答）		
		１年単位の変形労働時間制	１か月単位の変形労働時間制	フレックスタイム制		事業場外みなし労働時間制	専門業務型裁量労働制	企画業務型裁量労働制
採用している企業	59.6	33.9	23.9	6.1	13.0	11.4	1.8	0.8
適用を受ける労働者	51.5	19.1	23.0	9.3	8.9	7.6	1.0	0.2

出所：厚生労働省「2020年就労条件総合調査」

5 休暇・休業制度

◈ 休日と休暇・休業制度

休暇・休業制度について説明する前に、最初に休日と休暇・休業の違いを確認しておきたい。労働との関係でいうと、休日にはそもそも労働義務がない。休日は、就業規則等で定められている休日（週休日など）と勤務先にかかわらず適用される国民の祝日（「国民の祝日に関する法律」による）から構成される。法律上は原則として週１日の休日が求められているが、法定労働時間が原則週40時間・１日８時間までとなっていることから週休２日制を採用している企業が多い。週休日は土曜日・日曜日が一般的ではあるが、事業の都合上、それ以外の曜日を週休日と定める企業も少なくない。

他方、労働の義務は発生するものの、その義務が免除されるのが休暇や休業である。休暇と休業の定義・区分は必ずしも明確ではないが、法律や実務においては、取得可能期間が短いと「休暇」、長いと「休業」として使い分けられることが多い。法定の休暇には年次有給休暇・生理休暇・介護休暇・子の看護休暇などが、法定の休業には産前産後休業・育児休業・介護休業などがある。

休暇・休業ともに、法定を超える期間の取得を認めたり、法定外の休暇・休業制度を設ける企業が少なくない。法定外の休暇は「特別休暇」と呼ばれ、主なものとしては、例えば夏季休暇、病気休暇、リフレッシュ休暇、ボランティア休暇、教育訓練休暇などがある。アニメのキャラクターや芸能人などの「推しメン」（自分が一押しするメンバー）の記念日や卒業のタイミングで取得できる休暇など、ユニークな特別休暇が話題になることもある。企業にとって、休暇・休業制度には、休息や健康の確保のために労働義務を免除するという意味だけでなく、社員にやる気を出してもらったり、求職者に企業の魅力をアピールする狙いもあるのだ。

◈ 年次有給休暇の現状と課題

代表的な法定休暇の１つである年次有給休暇（以下「年休」と呼ぶ）は、６か月以上継続勤務し、全労働日の８割以上出勤すれば、20日まで勤続年数に応じた日数が付与される。年休をいつ取得するかについては労働者に時季指定権があるが、その時期の取得が正常な事業運営を妨げる場合には企業が時季変更権を行使できる。

日本の休暇取得率は国際的に低いといわれるが、休日数や労働者構成等が国によって異なることから、単純な国際比較はなかなか難しい。ただ、日本において年休取得率が長らく低迷しているのは事実である。厚生労働省の調査で年休取得率をみると1987年（「賃金労働時間制度等総合調査」）が50.2%、直近の2019年（「就労条件総合調査」）が52.4%とあまり変わっていない。日本においては夏のお盆の時期と年末年始に、休日も含めて１週間前後休むというパターンが一般的であり、ヨーロッパでみられるような数週間の長期バカンスは珍しい。

こうした状況を受け、年休取得率向上を狙いとして、10日以上の年休が付与されている労働者に対して、そのうち５日間は予め時季を指定して付与することが、2019年から企業に義務づけられた。

◈ 育児・介護休業の現状と課題

休業については、代表的な法定休業である育児休業・介護休業を中心に解説したい。育児休業は原則として子が１歳（両親が取得する場合は１歳２か月。保育所に入所できないなどの場合には最長２歳まで）まで、介護休業については原則として93日までの休業が、育児・介護休業法によって保障されている。平均的な介護期間は法定の休業期間よりずっと長いが、介護を全うすることではなく、仕事と介護の両立体制を整えて職場に復帰できるようにすることに休業の主眼が置かれていることから、93日を３回まで分割して取得できる作りになっている。

年休以外の休暇・休業については、期間中の賃金の取扱いは各企業の就業規則などで規定され、特に期間が長い休業などではノーワーク・ノーペイの原則がとられることが多い。育児・介護休業についても原則無給とする企業がほとんどだが、一定の要件のもとで社会保険料の免除や雇用保険からの給付（休業開始前賃金の最大67%相当額まで）が行われている。

介護休業については、介護している雇用者（5.1%）のうち制度を利用している割合が8.6%（総務省「2017年就業構造基本調査」）にとどまるが、休業ではなく労働時間の短縮と介護サービスの活用で両立を図りたい労働者もおり、制度利用の割合が低いことが必ずしも問題ではないという指摘もある。また、雇用者に占める

Column11-2

ワーク・エンゲイジメント（ワーク・エンゲージメント）

ワーク・エンゲイジメントとはオランダの心理学者であるウィルマー・B・シャウフェリとピーターナル・ダイクストラによって提唱された、「活力」「熱意」「没頭」から構成される概念である。シャウフェリらは、ワーク・エンゲイジメントと異なる状態として、慢性的な仕事のストレス（仕事中毒）によるバーンアウト（いわゆる燃え尽き）と、慢性的な過小負担（退屈）のストレスによるボアアウトをあげており、仕事上の刺激が大きすぎる（バーンアウトにつながる）のも小さすぎる（ボアアウトにつながる）のも有害だとしている。ワーク・エンゲイジメントは両者の中間に位置し、仕事をすることが好きだから仕事熱心であるという状態と説明される。

【図11－1　退屈、エンゲイジメント、仕事中毒】

ボアアウト ← 退屈 ← エンゲイジメント → 仕事中毒 → バーンアウト

出典：シャウフェリ他（2012）の29頁、図1。

日本でワーク・エンゲイジメントへの関心が高まってきた背景には、ホワイトカラーの生産性の低さに対する課題意識がある。特に日本のワーク・エンゲイジメント・スコア（ユトレヒト・ワーク・エンゲイジメント尺度。ワーク・エンゲイジメントの計測に広く活用されている）が国際的に低いこと（結果の詳細は島津（2014）参照）が、生産性の低さと関連づけて捉えられた面が大きい。

ワーク・エンゲイジメントの原因と結果を表す代表的なモデルとして、仕事の要求度-資源理論（Column12－2）に基づくJD-Rモデル（Job Demands-Resources model）がある（シャウフェリ他、2012）。このモデルによると、仕事の要求度（時間外労働・プレッシャー等）が高まるとバーンアウトにつながりやすいが、仕事の資源（仕事の自律性・上司との良好な関係・職場の良い雰囲気等）や個人の資源（自己効力感・情緒安定・前向きな姿勢等）はエンゲイジメントを高める。例えば、本章で取り上げた長時間労働はバーンアウトにつながる懸念がある一方で、働き方改革や休暇・休業は仕事や個人の資源を回復させ、バーンアウトの回避、エンゲイジメントの向上につながる可能性があると考えられる。

介護している割合（男性3.9%、女性6.5%）や、そのうち介護休業を利用している割合（男性8.8%、女性8.5%）に大きな男女差はない。

一方、育児休業については介護休業に比べて全体の取得率は高いが、男性の取得率が女性のそれを大きく下回っており、女性のキャリア形成や少子化の抑制の観点から問題とされている。男性の育児参加を後押しする政策や企業の取り組みによって、男性の育児休業取得率は近年上昇してはいるものの、2020年度の育児休業取得率をみても、女性の81.6%に対して男性は12.7%にとどまっている（**図11－2**）。

【図11－2　育児休業取得率の推移】

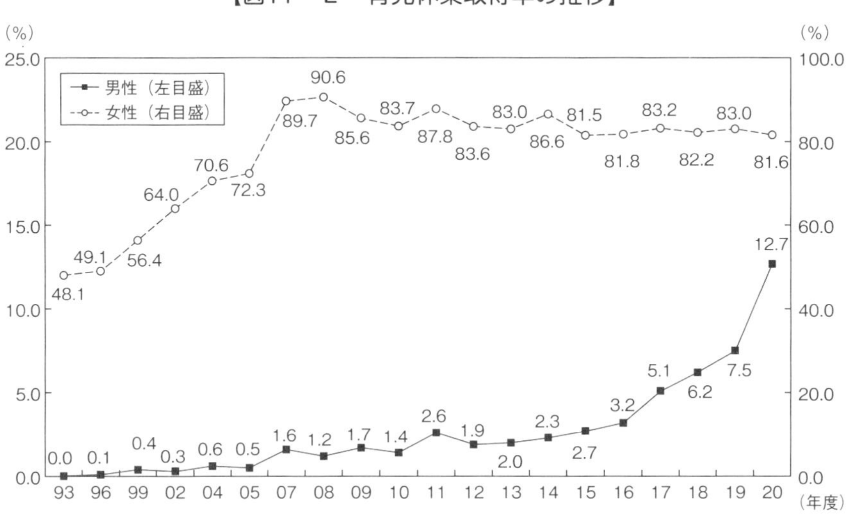

注：出産者（男性の場合は配偶者が出産した者）に占める育児休業開始者（開始予定の申し出を含む）の割合。2011年度の調査においては、東日本大震災の影響により、岩手県、宮城県及び福島県が調査対象から除外されている。
出所：2005年度までは厚生労働省「女性雇用管理基本調査」、2007年度以降は厚生労働省「雇用均等基本調査」

6 おわりに

本章では、長時間労働がなぜ発生するのか、労働時間は法律上どのように位置づけられ、どのような時間から構成されるのか、休暇・休業制度にはどのようなものがあり、取得状況がどうなっているのか、等について説明してきた。

また、長時間労働の抑制や休暇取得の促進のための規制についても説明した。冒頭のミニケースで葵が「帰りたければ帰ればいいし、残りたければ残ればいい」と発言していたように、規制されずに自由に働きたいという人たちも存在する。ただ、誰しも健康を損なおうと思って損なうわけではなく、休みたくなっても休めない状況に陥って、あるいは大丈夫だと過信して、心身の健康を害したり、深刻な場合は過労死に至ることがあるのもまた事実である。どの程度まで、どのように労働時間を規制すべきかは悩ましい問題であり、日本のみならず各国で試行錯誤が続けられている。

前述した「労働者個人が自分の時間の『主』となって、時間配分や働き方をマネジメントできるようになる」というのも、実際「言うは易く行うは難し」だと思われるかもしれない。ただ、健康確保やワーク・ライフ・バランスの実現は、本来個人にとって大変重要な問題であり、すべてを企業任せにすべきではないだろう。

個人が自分の時間の「主」となって時間をマネジメントするために、労働時間管理に関する知識は不可欠である。また、正解があるわけではないが、労働時間とそれ以外の時間をどう配分するか、労働時間をどう使うかについて考え続けることも重要だろう。冒頭に述べたように、1日24時間はあらゆる人にとって平等で限りある資源である。この時間をどう配分するかによって、その後のキャリアや人生は変わってくるはずだ。読者のみなさんが自分の時間について考え、時間を効果的に配分していくために、本章を役立ててほしい。

? 考えてみよう

① 時間外労働などに対する割増賃金の適用は、労働時間にどう影響するか、企業、労働者それぞれの立場から考えてみよう。

② 多様な労働時間制度によって実際の労働時間がどう変化するか、裁量労働制を例として考えてみよう。

③ 育児休業を取得したい男性社員が育児休業を取得しやすくするためにはどうすれば良いか、課題や対策について考えてみよう。

次に読んでほしい本

☆長時間労働の実態について詳しく学ぶには。

小倉一哉（2007）『エンドレス・ワーカーズ―働きすぎ日本人の実像』日本経済新聞出版社。

☆働き方改革の背景や方向性について詳しく学ぶには。

佐藤博樹・松浦民恵・高見具広（2020）『シリーズダイバーシティ経営　働き方改革の基本』（佐藤博樹・武石恵美子責任編集）中央経済社。

☆ワーク・ライフ・バランスについて詳しく学ぶには。

佐藤博樹・武石恵美子（2010）『職場のワーク・ライフ・バランス』日本経済新聞出版社。

第12章

健康経営・安全衛生

1　はじめに
2　ミニケース：ハラスメントとメンタルヘルス
3　健康経営
4　メンタルヘルス
5　ハラスメント
6　おわりに

1 はじめに

従業員がそれぞれの能力を存分に活かして働くこと、組織がそのための環境づくり行うことは、ある組織が他の組織との競争に打ち勝つための源の１つになる。しかし、従業員のケガや病気は、従業員が本来の能力を発揮することを妨げる。また組織は、従業員がケガなく、健康的に働くための職場作りをする責任もそもそも負っている。本章では、「健康経営・安全衛生」の取り組みについて、最新トピックをとりあげて学ぶ。

2 ミニケース：ハラスメントとメンタルヘルス

樹が行きつけのお店に到着すると、店の奥から桂木さんと若葉さんが手を振っているのが見えた。樹は、それに軽く手を挙げて答えたが、２人の様子がなんだかいつもとは違うことが気になった。

樹　「遅くなってごめん。来週のゼミ発表の資料を図書館に探しに行ったんだけど、なかなか良いものが見つからなかったんだ。ところで何の話をしていたんだい？なんだか話し込んでいたみたいだったけど」

若葉さん　「実は、うちの姉のことについて相談していたところだったの。うちのお姉さん、メーカーの営業部で働いているんだけど、最近仕事が大変らしいのよ。」

柏木さん　「若葉さんによれば、お姉さんはこの半年ほぼ毎日残業で、夜遅く帰ってくる生活らしいんだ」

若葉さん　「忙しいだけならいいのだけれど、ここ最近特に様子がおかしいのよね。前からイライラしていることは多かったけど、最近では休日なのに食欲がないとか言って食事の時すら部屋から出てこないこともある。私、なんだか心配で……」

樹　「お姉さんは、前から部屋にこもりがちだったの？」

若葉さん　「全然そんなことなかったわ。休日は、外出するのが好きな人だった。

姉妹で買い物に行ったり映画を見に行ったりすることもあった。でも数か月前に、上司が変わったらしいのよね。新しい上司は部下がミスをしたりすると、とても大きな声で怒鳴ったり、会議で部下の人格を否定するようなことを言ったりする人らしいの。うちの姉が、面談時にそういうのをやめてほしいと指摘したら上司がとっても怒ってしまったそうなのよ。その後あたりから、部内の重要な会議に自分だけ呼ばれなくなったり、会議で発言してもほとんど聞いてもらえなくなったりしたそうなの。」

柏木さん「僕は、それってゼミで先生が言っていた『ハラスメント』なんじゃないかと言ったんだけど」

若葉さんは、何か言いかけたけれども、途中でやめて、何やら考え込んでいる。

樹「それにお姉さんの心の状態も心配だね。うちの姉の友人の中には、メンタルヘルスの不調で会社をお休みしている人がいるって言っていたよ。」

窓の外を眺めると、9月の綺麗な満月が、分厚い雲の影へと隠れていくのが見えた。

樹は、なにげない様子を装いながら、若葉さんの目を見てこういった。

樹「お姉さんの会社にカウンセリングを受けられる制度があるようなら、試しに一度行ってみてもらうのがいいかもしれないね」

3 健康経営

ロンドン・ビジネススクールのリンダ・グラットンは、2007年に日本で生まれた子どもの半数が107歳より長く生きるだろうという見通しを示し、多くの人が従来よりも長く働く人生を余儀なくされることを指摘している。

実際に、日本の就業者に占める65歳以上の就業者の割合も増加している。『令和2年版厚生労働白書』によれば、2019年における60－64歳の男女の就業率は70.3%、65－69歳の男女の就業率は、48.4%、70－74歳の男女の就業率は、17.2%となっており、いずれも1989年の52.3%、37.3%、16.4% よりも増加している。

働く期間が長くなれば、働いている期間に病気になるリスクも高まる。長期間にわたって、パフォーマンスを落とすことなく健康で前向きな気持ちで働き続けることを可能にするためにも、従業員の健康を維持することが組織にとっても、従業員にとっても重要になってきた。

◈ 健康経営銘柄

このような変化を背景に、「健康経営」に注目する企業が増えている（健康経営は特定非営利活動法人健康経営研究会の登録商標である）。経済産業省のホームページによれば、「健康経営」とは従業員等の健康管理を経営的な視点で考え、戦略的に実践することとされている。

健康経営に注目が集まるようになったきっかけとして、健康経営銘柄の選定開始が挙げられる。経済産業省と東京証券取引所が従業員等の健康管理を経営的な視点で考え戦略的に取り組む東証上場企業を選定する取り組みで、2015年に開始されている。また2017年からは日本健康会議による健康経営優良法人の認定もスタートし、非上場企業や中小規模の企業にも健康経営が広まるきっかけとなった。

◈ 健康経営の実践

健康経営では、単に健康施策を充実させるだけでなく、組織一体となって推進することが求められている。ここでは４つのポイントに絞って説明していく。

まず、経営者や経営陣が、従業員の健康を重視していることを組織内外にはっきりと示すことが重要である。健康経営に取り組んでいる企業では、ホームページ上に「健康宣言」を公表したり、就業規則に健康に関する条文を盛り込んだりしている。SCSKという会社では、就業規則の第12章に健康経営の理念を明記し、健康経営の理念を尊重することを会社と社員が守る約束事の１つとして明文化している。

次に、実際に組織全体が取り組むための体制作りが重要である。これまでも従業員の健康問題を担当する部署は存在していたが、担当部門が組織内に分散しており、連携できていないことが問題点として指摘されてきたからである。フジクラという会社では人事担当役員のマネジメントのもと、健康経営推進室が取り組みを主導し、毎月開催される健康推進連絡協議会を通じて健康保険組合、人事部・総務広報部、産業保健スタッフなどの関係部門の連携を図っている。

３つ目に、自社の健康課題に適した施策を実施することである。従来から企業が取り組んできた健康管理では、ハイリスクアプローチと呼ばれる健康対策が主流であった。ハイリスクアプローチとは、健康診断などを通じて疾病に対する健康リスクが高いとされた一部の従業員に対して、重点的に対策を施す方法をいう。一方、健康経営ではポピュレーションアプローチと呼ばれる集団全体を対象とする取り組みも重視する。例えばヤフーでは、社内カフェや社内レストランと連携して野菜を多くとれるメニューや減塩メニューなどを利用者に提供している。

最後に、施策を実行した後の検証である。施策をやりっぱなしにせず、成果を適切に測定し、次年度の改善につなげていくことが求められる。例えばANAグループは健康経営の取り組みの成果をホームページ上で公開している。BMI適正者比率や喫煙率、メタボリックシンドローム該当率などについて過去数年の結果を公開し、その変化を示している。健康関連コストの内訳についても記載されており、医療費そのものや従業員が欠勤することで生じるコストよりも、体調不良によって出社してはいるものの、本来のパフォーマンスを発揮できないことによって生じる生産性の低下を意味するプレゼンティーイズム（Presenteeism）が企業にとって重要な損失であることが明らかにされている。

◈ ウェルビーイングへの注目

先進的な企業の中には「病気でない」状態の確保に加えて、ウェルビーイングを高めることに注目する企業が出てきている。ウェルビーイングは、幸福と訳されることも多いが、心理学では「幸福感や満足感があり、それほど大きな悩みもなく、身体的、精神的に健康で、生活の質も高い状態」のことを指す。また、そもそも世界保健機構（World Health Organization: WHO）によるWHO憲章でも健康は「病気でないとか、弱っていないということではなく、肉体的にも、精神的にも、そして社会的にも、すべてが満たされた（ウェルビーイングな）状態」と定義されている。健康はウェルビーイングを含む概念ともいえるが、一部の専門家を除けば、このような定義はあまり知られていなかった。そのため、例えばPwC Japanグループでは「健康経営（ウェルビーイング）」のように両者を併記して後者の部分を強調することも増えてきている。

【図12－1　健康経営の実践】

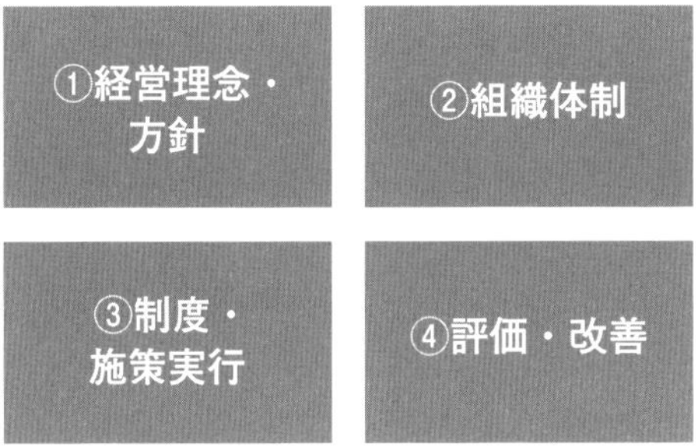

①経営理念・方針	②組織体制
③制度・施策実行	④評価・改善

4 メンタルヘルス

◈ メンタルヘルス不調者の増加

職場の健康問題といえば、かつては身体の健康の問題が中心であった。しかし21世紀に働く私たちにとっては、心の健康すなわちメンタルヘルスの問題を無視することができなくなってきている。

2018年に厚生労働省が実施した「労働安全衛生調査（以下、2018年調査）」によると、現在の仕事や職業生活に関することで、強いストレスとなっていると感じ

Column12-1

動機付け—衛生理論

〔満足要因と不満足要因は違う〕

従業員はどのような時に満足し、どのような時に不満を感じるのだろうか。フレデリック・ハーズバーグらの研究チームは、ピッツバーグ近郊で働く200名以上の従業員に対して、仕事をしている中で特別に強く満足を感じた出来事と不満足を感じた出来事について詳しく調べるインタビュー調査を行い、この問いに答えようとした。

満足を感じた出来事を分析すると、仕事の達成や職場で得られた他者からの承認、取り組んでいる仕事そのものの性質といった言及があげられ、「動機付け要因」と名付けられた。一方、不満足を感じた時の出来事を分析すると、人間関係や職場環境、職場の方針に関する言及が多く、これらは「衛生要因」と名付けられた。

ハーズバーグらは、満足を高める動機付け要因と不満足を引き起こす衛生要因は異なる、ということを主張した。動機付け要因が不足していることは、不満足を引き起こす要因としてはあまり言及されないこと、逆に衛生要因が満たされているからと言って満足を高める要因としてはあまり言及されないことに気付いたからである。

〔動機づけ—衛生理論の功罪〕

ハーズバーグらによって提唱された動機付け—衛生理論は、職場における従業員の満足や動機付けを引き出すための知見が精緻化していく大きな契機となった。動機付け要因で上げられた「仕事そのものの性質」に注目する研究が増え、従業員の動機付けを高めるような仕事の設計や割り当てに示唆を与える研究が数多く蓄積されるようになった（Column12－2も参照のこと）。

ただし注意しなければならない点もある。それは、衛生要因を軽視してはいけないということである。そもそも従業員の不満を解消しないことには、従業員の積極的な挑戦を引き出すことが難しいケースもある。両者の性質の違いを理解した上で適切に扱っていくことが重要だといえるだろう。

る事柄がある労働者の割合は58.0％となっている。この結果は、2016年の59.5％、2017年の58.3％と比べるとやや減少しているものの、依然として大半の労働者が強いストレスを感じながら働いていることを示す。同調査では、強いストレスの原因として「仕事の質・量」、「仕事の失敗、責任の発生等」、「対人関係（セクハラ・パワハラを含む。）」などが挙げられている。

実際にメンタルヘルス不調者の対応が必要になる事業所の割合も増えている。2018年調査によれば、過去１年間にメンタルヘルスの不調によって連続１か月以上休業した労働者がいる事業所の割合は、6.7%、退職者がいた事業所の割合は、5.8%となっている。これは2010年に実施された労働安全衛生基本調査における同一項目の集計結果（それぞれ、5.9%、2.8%）と比べて、それぞれ増加している。

◈ 職場のメンタルヘルス対策

このような状況に対応するために、メンタルヘルス対策に取り組む事業所の割合も増加している。前述の2018年調査によれば、2012年には47.1%に留まっていた「メンタルヘルス対策に取り組んでいる」という回答が2018年には、59.2%まで上昇している。

職場のメンタルヘルス対策は、その目的に合わせて第１次予防、第２次予防、第３次予防に分けられる。第１次予防とは、従業員がメンタルヘルス不調に陥ることを未然に防止しようとするものである。第２次予防とは、メンタルヘルスの不調を早期に発見し、早期に対応することで重症化を防ごうとするものである。第３次予防とは、すでにうつ病などを発症している労働者の休業後の職場復帰の支援などが含まれる。

先に紹介した2018年調査によれば、メンタルヘルス対策として取り組んでいる内容は、いわゆる「ストレスチェック」の実施が最も多く、次いで教育研修や情報提供が多いようである。ストレスチェックは、労働者が自分のストレス状態を知ることで不調に陥ることを未然に防ぐことを目的としているため、上記の分類では第１次予防に含まれる対策と考えられている。

◈ ストレスチェック

労働安全衛生法が改正されたことにより「心理的な負担の程度を把握するための検査（以下、ストレスチェック）およびその結果に基づく面接指導の実施等を内容としたストレスチェック制度が創設された。ストレスチェック制度のポイントを３

つの観点から説明する。

まず、ストレスチェックとは、ストレスに関する質問票（選択回答）に労働者が記入し、それを集計・分析することで、自分のストレスがどのような状態にあるのかを調べる簡単な検査のことである。2015年12月から、常時使用する労働者数が50人以上の事業場において、ストレスチェックを年に１回実施することが事業者の義務となった。ストレスチェックの調査票には「仕事のストレス要因」「心身のストレス反応」「周囲のサポート」の３要因に関する質問を含むことが求められる。

仕事のストレス要因に関する項目例としては、「時間内に仕事が処理できない」とか「非常にたくさんの仕事をしなければならない」など、仕事の負担に関する項目が挙げられる。心身のストレス反応としては「元気いっぱいだ」、「イライラしている」、「気分が晴れない」など自身の状態についての質問が含まれる。「周囲のサポート」では上司や同僚と気軽に話ができるかどうか、など職場の上司・同僚との関係やサポートの程度についての質問が含まれる。職業性ストレス簡易調査票（57項目）の使用が推奨されており、厚生労働省のホームページなどから確認することもできる。

次に、面接指導の実施である。ストレスチェックによってストレスが高いと評価された労働者から申し出があった場合には、医師による面接指導を実施することが事業者の義務となっている。また医師による面接指導の結果、必要がある時には事業者には就業上の措置（例えば労働時間の短縮など）を講じることが求められる。

【図12－2　ストレスチェックのフロー例】

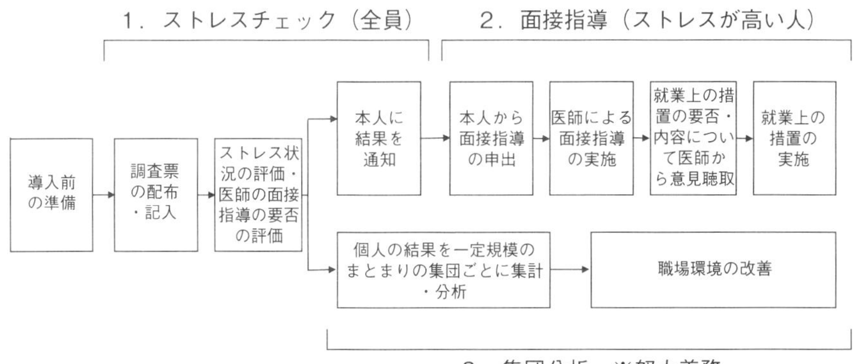

出所：厚生労働省（2016）を基に著者作成。

Column12-2

仕事の要求度-資源理論

〔仕事の特徴と２つのプロセス〕

仕事の要求度-資源理論は、仕事の性質と従業員の健康やウェルビーイングの関係を説明する理論である。この理論では、仕事のすべての特徴は、仕事の要求度と資源という２つのカテゴリーに分類できるとされている。例えば、急いで作業をしないといけない、顧客のために神経を研ぎ澄ませて気を遣わなければならない、というような仕事の特徴は仕事の要求度に含まれる。一方、自律的に仕事を進めるための自己裁量の余地がある、自分の仕事の出来栄えに対して得られるフィードバックが豊富にある、というような仕事の特徴は仕事の資源に含まれる。

仕事の要求度と資源は、従業員に対して２つの異なるプロセスを引き起こすとされている。１つ目は健康障害プロセスと呼ばれる。「仕事の要求度」が従業員の心の不調を介して、体の健康を損なうことや、業績低下を引き起こしたりするというものである。

２つ目は動機付けプロセスと呼ばれる。「仕事の資源」は従業員のワーク・エンゲイジメントを介して組織業績に結実するというプロセスである（なおワーク・エンゲイジメントは、職場におけるウェルビーイングをとらえる概念の１つである。詳しくはColumn11－２を参照のこと）。

〔メンタルヘルスの未然予防へ〕

仕事の要求度-資源理論は、主に従業員のメンタルヘルス対策に応用されてきた。バーンアウトを防ぐためには、仕事の要求度が高まりすぎないようにすることが重要である。そのため長時間労働を防ぐこと、仕事と家庭の両立を可能にすることが重要とされた。また、未然予防の観点から仕事の資源を豊かにして、従業員がイキイキと働けるようにする職場作りも重要である。最近では職場で良い貢献をしている従業員に対して、従業員間で感謝ポイントを送り合うこと、その送られた感謝ポイントと金銭的報酬と紐づけることで金銭的に報いていこうとする企業例もある。

最後に、集団分析である。努力義務とされているものの、ストレスチェック制度では、ストレスチェックの実施者に受診結果を集団（職場の部や課など）ごとに集計・分析した結果を提供してもらい、その結果を踏まえて職場環境の改善に役立てることが推奨されている。なお、個人が特定されたりすることのないように、10人未満の集団では全員の同意がない限り結果の提供を受けてはいけないことになっている。

5 ハラスメント

◆ 職場のいじめからハラスメントへ

職場内で起こるもめごとやいじめは、従来は個人間の問題として扱われることが多かったようである。しかし近年では、企業の構造的な問題である「ハラスメント」として位置付けられるようになってきた。例えばセクシュアルハラスメントは、男女雇用機会均等法第11条で、妊娠・出産などに関するハラスメントは男女雇用機会均等法第11条の２で、育児休業・介護休業等に関するハラスメントは、育児・介護休業法第25条で、パワーハラスメントは2019年に労働施策総合推進法が改正されたことで、雇用管理上必要な措置を講じることが事業主の義務となった。(パワーハラスメントに関しては、中小企業は2022年４月１日までの間は努力義務となっている)。

◆ ハラスメントのタイプ

セクシュアルハラスメントは「対価型」と「環境型」の２つに分けられる。まず「対価型」とは、労働者の意に反する性的な言動に対する労働者の対応（拒否や抵抗）によって、労働者が解雇されたり労働契約の更新を拒否されたり、あるいは昇進・昇格の対象から除外されたり、客観的に見て不利益な配置転換を受けたりするものである。

次に、「環境型」とは、労働者の意に反する性的な言動によって、労働者の就業環境が不快なものとなったため、能力の発揮に重大な悪影響が生じるなどその労働者が就業する上で看過できない程度の支障が生じることである。

具体例で考えてみよう。上司が部下の契約社員に性的な冗談やからかいを執拗に行い、部下がそれに対して抗議をしたとする。そのことに腹を立てた上司が部下の契約更新を拒否するに至った場合、「対価型」と呼ぶことができる。一方、上司が職場で個人的な性的体験を大声で話すことが部下の従業員にとって大変な苦痛となり、通常の職務を遂行していく上で支障をきたすようになっている、というような場合は「環境型」といえる。

妊娠・出産・育児休業・介護休業法などに関するハラスメントは、おおまかには「制度等の利用への嫌がらせ型」と「状態への嫌がらせ型」とに分けられる。「制度等の利用への嫌がらせ型」とは、育児休業などの制度を利用することに対する言動によって就業環境が害されるものをいう。例えば、育児休業制度の利用を希望したところ、「制度を利用するならやめてもらう」と言われ、制度利用をあきらめざるを得ない状況になった、というようなケースが当てはまる。また、「状態への嫌がらせ型」とは女性労働者が妊娠または出産したこと等に関する言動によって就業環境が害されるものをいう。例えば、上司に妊娠したことを報告した場合に「次の人を雇うので退職してもらいます」と言われた、というようなケースが当てはまる。

パワーハラスメントの典型例は**表12－1**のように整理されている。暴力や暴言に限らず、挨拶を無視したり、会話しない、職場メンバーに無視するように命じたりするといった「人間関係からの切り離し」もパワーハラスメントの1タイプとみなされることがある。また、特定の人だけに業務上明らかに過大なノルマを課す（過大な要求）、業務上の合理性なく程度の低い仕事だけしか与えない（過小な要求）といった行為、また結婚の予定や交際相手の有無を執拗に聞くなど私的なことについて過度に立ち入ること（個の侵害）も「業務の適正な範囲」を超えた場合にはパワーハラスメントに該当することがある。仮に上司の側が「適正」と考えていても、職場全体や組織全体でみれば「適正でない」とみなされることもあるので注

〔表12－1　パワーハラスメントの典型例〕

	カテゴリー	例
1	身体的な攻撃	いきなり殴られた
2	精神的な攻撃	皆の前で、ささいなミスを大きな声で叱責された
3	人間関係からの切り離し	先輩・上司に挨拶しても、無視され挨拶してくれない
4	過大な要求	達成不可能な営業ノルマを常に与えられる
5	過小な要求	事務職で採用されたのに、仕事は草むしりだけ
6	個の侵害	休みの理由を根掘り葉掘りしつこくきかれる

出所：厚生労働省（2020b）を基に著者作成。

意が必要である。

◈ハラスメント防止の取り組み

事業主が講ずるべき措置は４点にまとめられる。第１に事業主がハラスメントに関する方針を明確にし、その周知・啓発を行う必要がある。具体的にはハラスメントを行ってはならないことおよびハラスメントに厳正に対処することを就業規則に記載したり、ハラスメントの典型例を社内報やパンフレットにまとめて配布をしたりすることなどが挙げられる。

第２に、相談に応じ、適切に対応するための体制を整備しておく必要がある。具体的には、相談窓口をあらかじめ定めておくこと、その窓口の担当者が内容や状況に応じて適切に対応できるようにしておくことが挙げられる。

第３に、事案が生じた際には、迅速かつ適切に対応する必要がある。事実関係を迅速かつ正確に確認すること、事実関係が確認できた際には、速やかに被害者に対する配慮措置、行為者に対する措置を行うことなどが求められる。

最後に、相談者・行為者のプライバシーを保護するために必要な措置を講ずるとともに、相談したことや事実関係の確認に協力したことを理由に不利益な取り扱いを行ってはならない旨を定め、周知することが求められる。

6　おわりに

本章では、安全衛生の取り組みの中から、近年注目が集まっているトピックとして健康とハラスメントの問題を取り上げた。健康問題では、精神面の健康、すなわちメンタルヘルス対策への関心が高まっている。本章では、特に2015年から新たに創設されたストレスチェック制度について説明した。また、職場のハラスメントでは、３つのハラスメントを取り上げた。これらは、事業者による対応が求められるようになってきている。

職場の安全衛生の取り組みは多くの場合、法的根拠に基づいて実施されてきたが、法律で求められていることだけをしていればそれでよい、ということではない。従業員がそれぞれの能力を存分に活かして働くための環境づくりという目的を踏まえて、必要な場合には法律の義務の範囲を超えて取り組むことも重要である。本章で紹介した健康経営はそのような企業による能動的な取り組みの1つといえるだろう。

普段皆さんは、自分の心や体の状態について深く考える機会は少ないかもしれない。それは、健康であることが「当たり前」だからかもしれない。しかし、一旦風邪をひいたり、ケガをしたりした時には、いつもの「当たり前」の有難みを強く感じるものである。本章で取り上げた、職場における安全衛生の取り組みも同じかもしれない。安全や健康を「確保されていて当たり前」と考え、安全衛生の対策を軽視してはいけない。安全や健康の対策の重要性を今一度考え直してみよう。

安全衛生の取り組みは、専門性が高く、また関係する法律に関する知識も求められる。また、担当部署や組織外の専門職との連携が必要な局面も多い領域である。そのため、正しい知識を身に付け、それぞれの職場で実践していくことが大切だろう。

? 考えてみよう

① 最新の健康経営銘柄受賞企業を調べ、各企業の取り組みの特徴について考えてみよう。

② メンタルヘルス不調者の増減について最新の状況を調べてみよう。その上で、そのような変化が生じている理由を自分なりに考えてみよう。

③ ハラスメントのない職場を作るために、職場の管理者はどのようなことができるか考えてみよう。

次に読んでほしい本

☆ウェルビーイングを高める健康経営について詳しく学ぶには…。

森永雄太（2019）『ウェルビーイング経営の考え方と進め方―健康経営の新展開』労働新聞社。

☆メンタルヘルス対策を含む産業保健心理学全体について体系的に学ぶには…。

島津明人編著（2017）『産業保健心理学』ナカニシヤ出版。

☆ハラスメントについて国際的な動向を含めて学ぶには…。

大和田敢太（2018）『職場のハラスメント―なぜ起こり、どう対処すべきか』中央公論新社。

第13章

労使関係

1　はじめに
2　ミニケース：労働組合の役割
3　労働組合
4　団体交渉・春闘
5　労使協議制、個別的労使関係
6　おわりに

1 はじめに

本章で学ぶ労使関係（industrial relations）とは、公務部門を含む広い意味での産業社会における労働者と使用者との関係を指している。使用者とは、労働者に対する業務命令の大きな権限を持ち、労働契約や労使交渉の相手方ともなる者である。

企業や団体がその活動を円滑に進めるためには、労働者と使用者の利害や意見の対立を調整する必要があり、それを処理するための制度、政策、あるいは法令などが必要になる。そして、それらを専門に研究する労使関係論や労働法などの学問分野が発展してきたのである。

2 ミニケース：労働組合の役割

薫「どうした、葵、今朝はボーッとしているな。早く食べないと会社に遅れるぞ。」

葵「うーん。ねえお父さん。私、労働組合の支部委員っていうのをやってくれって頼まれちゃったの。なんだかめんどくさそうだから断ったほうがいいかな？」

樹「エーッ！　労働組合って、ヘルメットかぶって闘うやつだろ。」

薫「おいおい、樹、大学で何を勉強しているんだ。今の労働組合はそんなことはしないよ。たいていは普通の従業員の集まりだからね。組織の風通しを良くするために、経営者と従業員との間に入って、いろいろな調整をしているんだよ。支部委員というのも、要するに、職場のお世話係のようなものさ。同僚の困りごとや会社への要望を聞いて回って、労働組合の役員の人に伝えたり、職場の管理職と話し合ったりするんだよ。」

葵「ふーん。私も会社に言いたいことならたくさんあるよ。うちの職場は残業が多いし、仕事量も人によって全然違うしね。」

薫「そういった問題を、会社と一緒に解決して、働きやすい組織にしていくんだよ。自分たちも参加して良い職場を作るのさ。お父さんは、いま、人事部にいるけど、人事部や会社の役員からは、職場の問題は見えないことが多いんだよ。労働組合が問題を指摘してくれるとありがたいこともあるんだ。労働組合と会社とは争うこともあるけど、組織をよくするという最終目標は同じだからね。」

葵「ちょっと面白そうだね。だけど大変かなあ。」

薫「どうかなあ。おそらく、支部委員は労働組合の仕事だけをする「専従」ではないだろうね。これまで通りの仕事もしながらだから少し大変かもな。でも、他の職場の人たちとのつながりができたり、話しかけることもできないような会社の偉い人と対等な立場で議論することもあったりして、良い経験になると思うぞ。」

葵は出勤する電車の中で、自分たちで職場を作るという父の言葉を思い出していた。入社してから、上司に言われたことをこなすだけの毎日を過ごしてきた葵にとって、それは身の引き締まるような、どこかワクワクする言葉であった。これから、自分が職場の中心部分に入っていくような予感がしていた。

3 労働組合

◈ 労働組合の役割

労働者は使用者と対等な交渉を行うために労働組合（以下、労組や組合と略す場合もある）という組織をつくることが法的に認められている。労働組合法は、労働組合を労働条件の改善や経済的な地位の向上を目的とした労働者の集まりであると定義している。労働組合と使用者との交渉結果は労働協約、就業規則などの規則となり、広く労働者に適用される。労働組合は雇用関係に関わる規則を作る当事者なのである。

ただし、実際の労働組合の活動はそれだけではない。労働組合は、産業政策への発言力を高めるために、国や地方の選挙において候補者を立てたり、あるいは支援をしたりといった選挙活動も行う。あるいは、あまり知られていないが、組合員が互いに死亡、病気、災害などに備え合う共済を独自に運営する労組もある。

◈ 日本の企業別組合

日本における労働組合の趨勢を**図13－1**から見てみよう。日本に労働組合が広く設立されたのは、第二次大戦の終結直後期である。1945年の終戦時にはほぼゼロであった労働組員数が48年６月には660万人を超えた。1940年代末から50年にかけて、争議での敗北、レッドパージ（1950年６月以降に展開した、GHQによる共産党員および同調者の追放）、労働組合法改定などの逆風が吹き、労働組合員数はいったん減少するが、その後は1970年代半ばまで増大する。

推定組織率とは、雇用労働者のうち労働組合に加入している人の割合であり、現在は17%程度である。現在の日本では労働組合に入らない人が多数を占めているのである。ただしそれには企業規模による違いがある。「令和２年度労働組合基礎調査」によれば、推定組織率は、1,000人以上企業で41.8%、100～999人企業で11.3%、99人以下企業で0.9%となっている。とくに小規模企業の組織率が低いことがわかる。この要因の１つは、小規模企業には労働組合をつくって運営する

【図13－1　労働組合員数と推定組織率の推移】

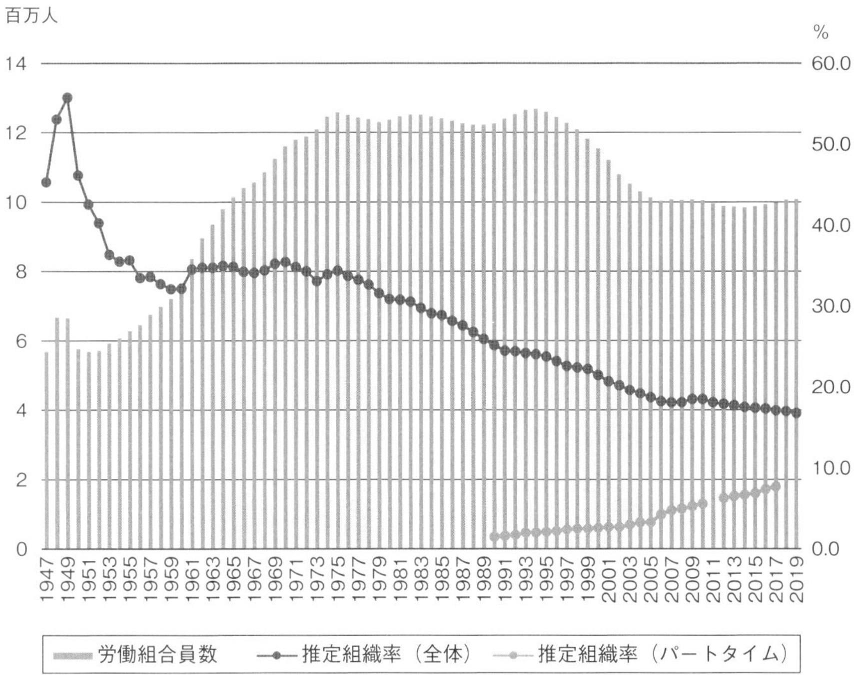

出所：1）1947年は「労働組合調査」、1948～1982年は「労働組合基本調査」、1983年以降は「労働組合基礎調査」の数値である。
2）雇用者数は、総務省「労働力調査」の各年6月分の雇用者数である。

ための人的・財政的基盤が少ないためである。

パートタイム労働者に関しては、近年のデータしか得られないが、極めて低かった推定組織率が徐々に上がり、10%程度になっていることがわかる。

なお、1990年代まで労働組合員数が増加ないし横ばいであるにもかかわらず、推定組織率が下落しているのは、雇用労働者が増加したからである。戦後の日本では農林水産業に携わる自営業者が減り、組織に雇われて働く労働者が傾向的に増えていったのである。

労働組合には、特定の職種を単位とする職種別組合、業種を単位とする産業別組合、企業を単位とする企業別組合、地域の様々な労働者の集まりである一般労組などがあり、あるいはそれらの混合形態もある。

企業別組合とは、特定の企業の従業員が加入する労働組合であり、独自の組合規約を持ち、独自の財政を持つ労働組合である。産業別組合が労使交渉や加入の基本的な単位となっているドイツをはじめとするいくつかの欧州諸国と比べれば、日本の労働組合は企業別組合が中心であると考えられている。

日本の企業別組合にはいくつかの特徴がある。第1に、工職混合組合である。他の先進諸国では、異なる職種の労働者は利害が異なることもあるため、別々に労働組合を設立することが多いが、日本では技能労働者（工員）や事務・技術労働者（職員）が同じ組合に加入している。

第2に、加入資格が正社員に限定されていることが多いことである。ただし、前述の通り、1990年代以降に非正社員が急増していく中で、少しずつであるが組織化（労働組合に参加させること）が進められている。

◈ 日本の労働組合の多層性

現在の日本の労働組合の特徴を企業別組合のみで理解することは正しくない。というのも、日本の企業別組合は産業別組合に加盟し、さらにそれがナショナルセンターに結集しており、企業を超えた労働組合組織が一定の役割を果たしているからである。ナショナルセンターとは、産業別組合の加盟する全国的労働組合組織であり、1989年に結成された「日本労働組合連合会（連合）」が現在の日本で最も大きなナショナルセンターである。また、近年では企業別組合と産業別組合との間に、企業系列・グループの範囲に対応する労働組合組織が存在することも増えている。

産業別組合の果たす役割は多様であるが、主なものをあげれば、第1に、組織化であり、とくに人的・財政的基盤の乏しい中小企業労働者の組織化において固有の役割を持っている。第2に、産業政策への関与であり、これは産業レベルでの労使協議への参加、あるいは労働組合が候補者を擁立あるいは支援する選挙活動なども含まれる。第3に、傘下組合の春闘における賃上げ交渉を指導し統率することである。第4に、独自の共済を運営する場合もある。

ナショナルセンターの活動は、産業別労組と重なりながらも、個別の産業を超えた一国レベルの労働政策への関与に重点が移る。例えば、1988年の労働基準法改正による労働時間短縮は、ナショナルセンターが要求しつづけたことによって実現した。あるいは政労使の三者で構成される審議会などへ代表者を送り込むことも重要な役割の1つであろう。

以上の産業別組合やナショナルセンターの果たしている役割は、単独の企業別組合では対応が難しく、かつ重要なものが多い。

4 団体交渉・春闘

◈ 団体交渉

団体交渉（collective bargaining）とは、労働者が雇用・労働条件について自らの選ぶ代表者を通じて使用者または使用者団体と交渉することである。通常は労働組合が行う。これは、現在の日本では、日本国憲法によって与えられた労働者の権利であり、労働組合から団体交渉の申し入れがあれば、使用者はそれを受けなければならない。

日本国憲法で認められた団結権、団体交渉権、団体行動権という労働三権は、当然のものとしてどこの国にもあるわけではなく、先進諸国においては産業革命前後からの労使紛争の長い歴史を通じて形成されてきたものである。労働組合の発生および国家による法的承認の歴史は、その国の経済発展の度合い、政治制度、文化などの違いを反映しており、一般に後進国においては労働組合の発展が遅れている。

たとえば一斉に仕事を止めるストライキ（団体行動権）によって罰せられなくなったのは、最も早いイギリスで1870年代であった。日本では、第二次大戦後の1945年12月の労働組合法の制定によってはじめて、この権利が法律によって承認された。こうして、使用者が一方的に決めていたことが、労使の交渉によって決められるようになった。産業民主制（industrial democracy）の広がりである。

このように労働組合の活動が法的に保護される主な理由は、労働者は１人では立場が弱いために、使用者側との対等な交渉ができないためである。また、このように労働者の権利を保護して産業民主制を構築することは、労働生産性の向上を通じて使用者側の利益にも貢献するという面もある。

団体交渉を理解する上では、それがどのような範囲の労使の間で行われているのかということに注目することが重要である。日本では、団体交渉は基本的には個別の企業毎に行われている。日本の労働組合はその交渉力を強化するために産業レベルで統一することを模索してきたが、経営者側は企業内の事柄について外部の労働組合が直接関与することを嫌い、それは十分には実現してこなかった。

しかし、後述する春闘のように、企業を超えて賃金交渉の内容やスケジュールの大枠を統一することは行われてきたし、あるいは一部には産業単位での労使協議が行われてきた。あるいは産業別組合やナショナルセンターは、個別の労組に対して、政策立案の支援、労使交渉の指導、あるいは各種の情報提供などを行う。企業別組合の交渉も、こうした外部の労働組合運動との関係の中に位置づけて理解する必要がある。

◈春　　闘

春闘（春季生活闘争）とは、毎年２月から３月にかけて行われる賃金、労働条件、あるいは労働政策などに関する労使交渉である。一国の大多数の労働組合が、同時期にこうした労使交渉を行うことは世界的に見ても珍しい社会慣行である。

春闘は、1955年に民間分野における８つの産業別組合によって統一賃金闘争が行われたことが始まりであり、1960年には25単産（産業別単一労働組合）と官公労の労働組合の410万人以上の規模となった。

春闘が広がった時代は労働組合が強かったわけではない。むしろ日本の労組は、1950年における労働組合法改定以降には苦境に立たされていた。春闘は、経営者団体と政府が賃金のベースアップを抑制する動きを強めるなかで、日本の労働組合リーダーがその弱さを自覚した上で考案した戦術であった。

春闘では、幅広い産業の労働組合が、あらかじめ賃金要求額、要求・交渉の時期、ストライキの実施時期などのスケジュールを決めておき、高額回答を引き出せそうな産業・企業を先頭に立たせて、その回答を目標として波及させていく。それによって、幅広い労働組合に賃上げの恩恵を広げようとする。そうした戦術によって、労働組合の交渉力の弱い中小企業においても、賃金が底上げされていった。

このような戦術が効果を発揮し、また企業側にも受け入れられた背景は、①トップバッター以外の労使にとっては交渉費用が節約されること、②ベースアップは労務費の負担増を意味するのであるが、同じ上昇幅であれば競争上不利になるわけではないこと、③またそれは１人平均の金額を表示しており、企業内でどのように配分するのかについては、経営側に裁量権が残されていたことなどが挙げられる。

また、春闘は多くの産業そして中小企業までを含めて幅広い波及効果を持つために、一国の物価にも影響を与える。**図13－２**は賃上げ率と消費者物価変化率の推移である。第一次石油危機の翌年の1974年には、インフレ利益が期待されていたために、30%を超える大幅賃上げが行われた。しかし急速なインフレの進行を抑えるために金融引き締めが行われ、日本経済は不況に陥っていく。スタグフレーション（生産水準の低下と物価上昇が同時に起こること）を回避することが国民経済の課題となる。

1975年春闘では、この時期のパターンセッター（先導役）であった鉄鋼業の産業別労働組合は、こうした国民経済的観点から、あえて賃上げ要求を抑制した。結果的に、日本経済は、他の先進諸国のように所得政策に頼らずに、いち早く不況を脱することになる。これは、当時、「経済整合性論」と呼ばれ、大幅賃上げだけを目指した春闘のあり方を変えていくことになった。

【図13－2　賃上げ率と消費者物価変化率の推移】

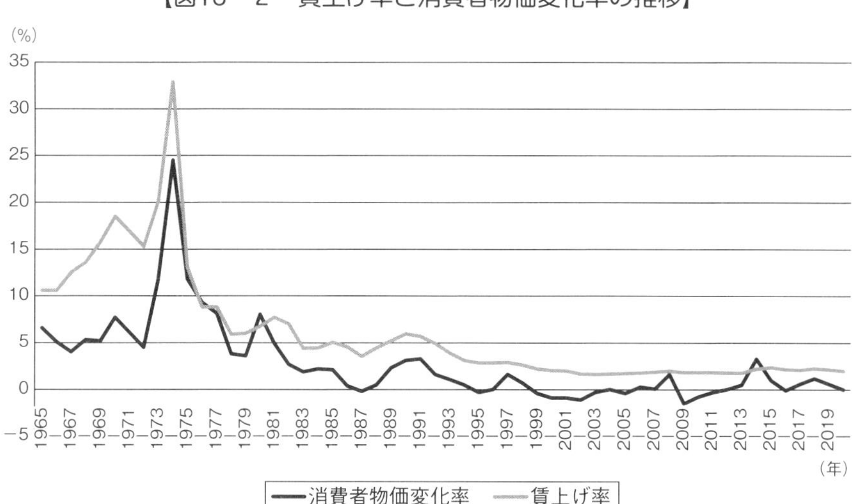

出所：1）消費者物価変化率は「2015年基準消費者物価指数」の「持家の帰属家賃を除く総合指数前年比」の数値である。総務省統計局HP。

2）賃上げ率は「民間主要企業における春闘賃上げ状況」の数値である。厚生労働省Press Release（2020年８月14日）。

5 労使協議制、個別的労使関係

団体交渉と並んで、労働者と使用者との間における紛争を処理する1つの方法として、労使協議制と苦情処理手続きがある。両者についてみていこう。

◈ 労使協議制の広がり

労使協議制とは、労働条件だけでなく、幅広い経営問題に関して労使で情報を共有し、意見を交換する場である。日本では、産業レベルで行われることもあるが、企業内の協議が実質的に重要であり、また、それは他国と比べても内容が充実して

【図13－3　労使協議に付議する事項】

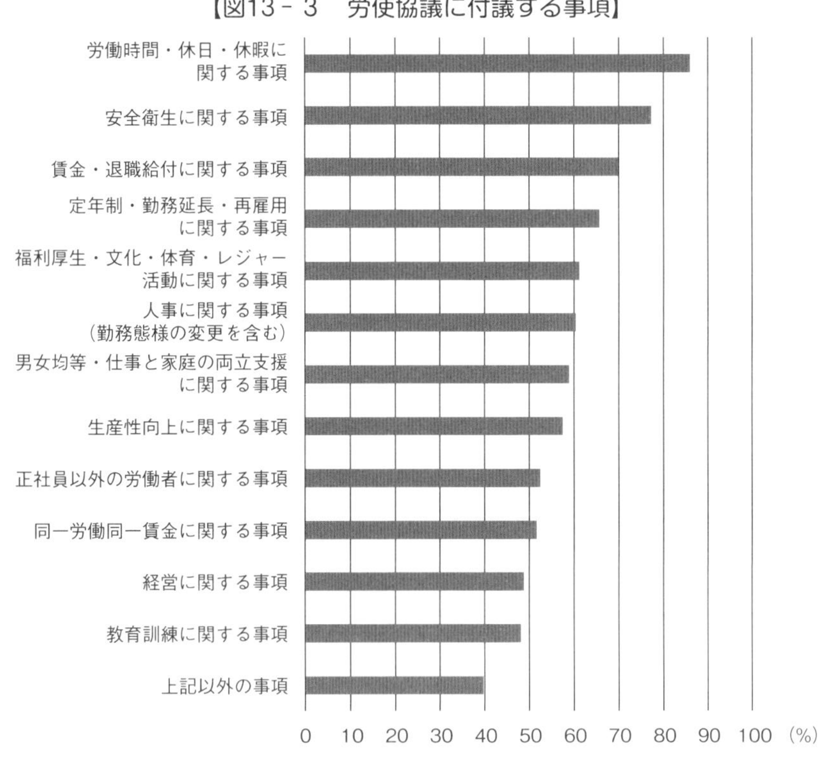

出所：厚生労働省「令和元年労使コミュニケーション調査」

いる。

企業内に複数の労働組合があることが一般的な欧米諸国においては、労使協議制は団体交渉とは異なる固有の意味を持つことになる。団体交渉は各労組がそれぞれの要求を行うのに対して、労使協議制は職場の共通問題に関して議論する場となるからである。他方、企業単位で労働組合が結成されている日本においては、それらの境界があいまいになる。団体交渉と労使協議の付議事項を特に区別していない場合も多く見られる。

日本の労使協議制においてどのようなことが話し合われているのかを見てみよう。**図13－3**によれば、労働時間関係、賃金関係、定年制などの労働条件に関する事項が上位であることがわかる。それに加えて、生産性向上、経営、教育訓練などの経営・生産に関する事項などが取り上げられていることが特徴的である。これらは直接的には労働条件ではないので、団体交渉では扱われにくいものである。

また、日本の労使協議において最も重要な特徴は、公式な協議とは別に、非公式な事前協議が行われていることである。労働条件に影響を与えるような経営・生産事項に対して、労働組合が実質的に意味のある協議を行うためには、それが変更可能な時点で協議しなければならない。しかし、早い時期に公式的な提案をすることは、経営判断の柔軟性を失うことにつながるために、経営側は嫌がる。こうした労使の妥協点として、非公式の事前協議慣行が形成されてきたのである。

Column13-1

コミュニケーション

日本の労使協議制は、経営参加を促進し、経営組織内における上下のコミュニケーションを補うものである。その意義はリーダーシップ論の中でも論じられてきた。

ミシガン大学のレンシス・リッカートを中心とした研究チームは、リーダーシップに関して次のようにまとめている。まず、リッカートは集団参画型の経営管理が効果的であるという。それは、上司による部下の意見の積極的採用、仕事に関わる意思決定への関与、目標達成に向けた水平的あるいは垂直的なコミュニケーションが豊富であることなどを特徴としている。

次に、集団参画型の管理は、**図13－4**の「連結ピン組織」によって実現するという。この図に描かれた連結ピンとなっているのは集団のリーダーであり、リーダーは統括する組織を取りまとめるとともに、上位の組織の意思決定にもかかわっていることが示されている。なお、このような「連結ピン組織」の概念には、以下の考え方が活かされている。

【図13－4　連結ピン組織】

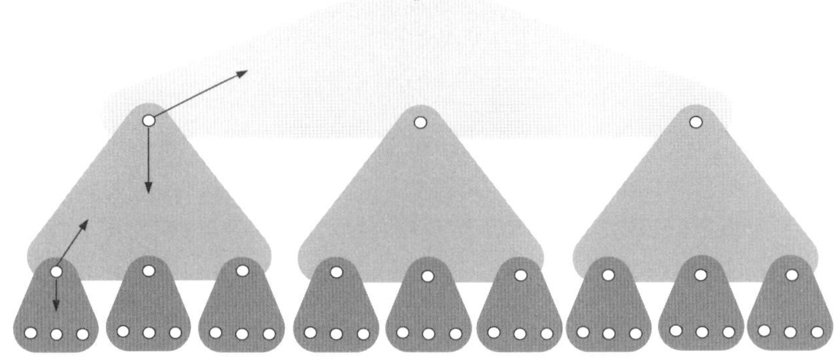

出所：金井（1991）、図2－4

第1に、部下の満足度を高めるためには、リーダーのさらにその上司への影響力、すなわち「上方影響力」が重要である。というのも、リーダーが部下を丁寧にサポートしていても、リーダーが組織内で影響力を持っていなければ、部下の提案は実現しないからである。リーダーシップは、部下との関係のみから発生するのではないということが示唆される。

第2に、集団凝集性（集団を去ることに対する抵抗の程度）は、高い業績をもたらす場合もあるが、逆の場合もありうる。凝集性の高さは「もろ刃の剣」であり、その集団の規範のあり方によっては非効率をまねくといえる。

そのため、高い業績を生み出す組織を構築するためには、集団の凝集性を高める施策と同時に、連結ピンによる参加のメカニズムを整備することが必要である。このようなミシガン研究の成果は、リーダーシップスタイルとのかかわりで論じられることが多いのであるが、これは組織内におけるボトム・アップのメカニズムを論じたものと理解することもできるだろう。

◈ 苦情処理

苦情処理は主に個別的な労使紛争の解決に用いられる。アメリカでは、労働協約において労働関係上の権利義務を包括的に定めたうえで、その解釈適用に関する紛争を苦情処理で解決する。さらに、そこで解決しない場合には、第三者による仲裁制度に持ち込まれる。

他方、日本では苦情処理手続の利用が少なく、苦情処理に取り組んでいる労働組合は３割に満たない（厚生労働省「平成30年労働組合活動に関する実態調査」）。日本では、そもそも労働協約において労働条件や職場の規則が明示化されていないために、その解釈適用を争う苦情処理が機能しづらいという面もある。日本の企業においては、苦情は上司への相談を通じて処理される傾向がある。

しかし、それでは不十分であるために、公的な個別紛争処理の仕組みが求められてきた。2001年の個別労働紛争解決促進法によって、都道府県労働局の総合労働相談窓口において、個別労働紛争への助言指導・あっせんを行うこととなった。強制力を伴わないという限界があるものの、利用件数は増加している。さらに裁判所における権利紛争判定を行う手続が望まれ、2006年４月から労働審判制度が実施されている。その後、労働審判の利用は増加している。なお、労働審判制度とは、裁判所において裁判官１名と労使関係に詳しい労働審判員２名で行われる個別労働紛争処理の仕組みである。原則として３回以内の期日で審理を終結し、まずは話し合いによる解決（調停）を目指すが、まとまらなければ労働審判を行う。

こうした行政や司法による個別労使紛争処理の仕組みは、労働組合の苦情処理制度とは別のものとして作られた。ただし、労働組合が個別的な労使紛争案件への対応として、それらの紹介を行うという形でつながることもある。例えば、主に非正規労働者が加入するコミュニティー・ユニオンは、労働局あっせんや労働審判などの紹介や利用支援を行っており、それが活動全体のなかでも重要な位置を占めている。

6　おわりに

産業社会における民主制の実現のためには、使用者と労働者との間の意見や利害を調整するメカニズムが必要である。近年は、司法や行政の担う個別労使紛争処理も充実してきているが、それでもやはり、労働組合は、労働条件や働き方などの雇用関係の規則を作る当事者としての役割を期待されている。

日本の労働組合運動は、たしかに企業別の組織がその起点となっているが、それ

Column13-2

男女雇用機会均等法

雇用における男女の平等は法令整備が強く求められている分野の1つである。1985年に立法化された男女雇用機会均等法（以下、均等法）は、1979年に成立した国連の女子差別撤廃条約を批准するための法整備の一環として制定されたものであった。雇用において、労働者が性別により差別されず、またその母性が尊重されることを基本理念としている。

均等法は、教育訓練・福利厚生の措置、定年・退職・解雇に関する差別を禁止し、募集・採用、配置・昇進の局面において均等な機会を提供するような努力義務を定めた。それによって、多くの企業が性別で区分していた雇用管理を転換した。総合職と一般職といった性中立的な雇用区分の「名称」を用いるコース別人事制度が広がったのもこの時である。しかし実態としては、総合職の大部分は男性であり、一般職の大部分は女性であるというように、従来の男女の働き方の違いを色濃く反映する企業が多かった。

制定後にいくつかの改訂が行われた。特に重要と考えられるのは、1997年に募集・採用、配置・昇進の局面における努力義務を禁止規定としたこと、および2006年に間接差別を規定したことである。2017年からはマタニティーハラスメントの防止措置を義務化する改正も行われている。このように、漸進的ではあるが、法規制の範囲を拡大し、また強化している。

なお、均等法における間接差別とは、性別以外の事由を要件とするが、実質的に性差別となる措置であり、かつ業務の遂行や事業の運営に照らして合理的な理由がないものを指す。具体的には、①募集・採用における身長・体重または体力などの要件、②総合職の募集・採用における転勤要件、③昇進における転勤経験などを指している。このようにケースを限定していることは、日本の特徴である。さらに、合理的理由があれば間接差別とは認められないために、争いになることは少ない。今後、この間接差別がどれほど厳格化されるのかは、日本企業の人事管理と労働者のワーク・ライフ・バランスにとって重要な意味を持っている。

は産業別組合、そしてナショナルセンターに連なっている。産業別組合やナショナルセンターは、企業別の組織では対応しえない問題に対して、あるいは企業別組合の支援においても重要な役割を担っている。日本の労使関係は多層的である。

ところで、なぜこのように労使が交渉して物事を決める必要があるのだろうか。働き方や労働条件は、法令を通じて統制すればよいのではないかと考える読者もいるかもしれない。この点を理解するための重要なキーワードは労使自治である。

国によってその程度には違いがあるものの、多くの先進諸国においては、労働条件や働き方などを、立法や行政に関わる一部の人間だけではなく、当事者である労使が関与して決めてきた。それは使用者と労働者の意見や利害の円滑な調整という労使関係の基本的目的を達成するうえで、当事者が関与し、その考え方を活かすことが有意義な側面があったからである。

ただし、労使自治が機能するためには、労使の対等な関係、あるいは労働者が自己の権利を適切に理解し、使用者がそれを受け入れるという社会的基盤が必要である。実際においては、法令の整備と労使自治の適切なバランスを模索していかなければならない。

？考えてみよう

① 1990年代以降に、非正規労働者の組織化が進められてきた理由を考えてみよう。

② 労働審判制度ではどのようなことが争われているのか調べてみよう。

③ 政府は、2016年から「働き方改革」の必要性を唱え、法整備を進めてきた。その内容はどのようなものか調べてみよう。

次に読んで欲しい本

☆日本の労使関係の戦後史について詳しく学ぶためには…。

仁田道夫・久本憲夫（2009）『日本的雇用システム』ナカニシヤ出版。

☆非正規労働者の労働組合への参加の問題について詳しく学ぶためには…。

中村圭介（2018）『壁を壊す〈新装版〉非正規を仲間に（連合・労働組合必携シリーズ１）』旬報社。

☆労働審判制度について詳しく学ぶためには…。

菅野和夫・仁田道夫・佐藤岩夫・水町勇一郎編（2013）『労働審判制度の利用者調査』有斐閣。

第14章

ダイバーシティと多様な働き方

1　はじめに
2　ミニケース：知らないと損するダイバーシティ
3　ダイバーシティ(1)：基本的な考え方
4　ダイバーシティ(2)：女性、障がい者、セクシュアル・マイノリティ
5　多様な働き方（テレワーク、副業）
6　おわりに

1　はじめに

最近では「ダイバーシティの推進」や「多様な働き方の実現」といった言葉を見聞きする機会が増えた。すべての人が自分らしく働くことができる組織の実現は容易ではない。現代の企業は、様々な努力を通して、より多くの人が自分らしく働くことができる環境の提供に取り組んでいる。本章では、ダイバーシティやテレワーク、副業について、これらが具体的に何を表しているのか、人的資源管理にとってどのような意味があるのかについて学ぶ。

2　ミニケース：知らないと損するダイバーシティ

樹は、ゼミの課題を遅くまで頑張ったせいで、少し寝坊した。お腹がすいたので何か食べようと、リビングに行くと、いつもなら出社しているはずの葵がいた。

樹　「あれ、今日は仕事休みなの？」
葵　「違うよ。もちろん仕事だよ。」
樹　「え、遅刻じゃないの？」
葵　「大丈夫だよ。今日は、在宅勤務だから家で仕事なの。」
樹　「在宅勤務？」
葵　「そう、在宅勤務。テレワークの１つと言ったほうがわかりやすいかな。」
樹　「テレワークかぁ。最近よく聞くけど、テレワークって何がいいの？」
葵　「んー、私も今日が初めてだからよくわからないよ。でも、少なくとも通勤ラッシュによるストレスはないよね。もう仕事の時間だから部屋に戻るけど、大学は大丈夫なの？」
樹　「あっ、いけない、時間だ。じゃあ、仕事がんばってね。」
葵　「あなたも勉強がんばってね。」

ゼミが始まる前に樹は、さっそくゼミのメンバーの桂木さんと若葉さんに今朝の出来事を話した。

樹 「今日、姉がテレワークなんだ。テレワークがこんなに身近なものだとは思わなかったよ。」

若葉さん 「どうやら今の企業は多様な働き方の実現に向けてテレワークを導入したり、副業を容認したりと、いろいろなことに取り組んでいるみたいね。」

桂木さん 「そうみたいだね。うちのオヤジの会社も新たに副業を解禁するみたい。オヤジの話だと、多様性を強みとする組織の実現を目指して副業を導入するらしいんだ。」

若葉さん 「そうそう『多様性』といえば、多くの企業ではダイバーシティの問題にも積極的に取り組んでいるみたいね。」

樹 「若葉さんは何でも知ってるね。」

若葉さん 「たまたまよ。インターンシップのために調べていたら、多くの企業で『ダイバーシティ推進』や『働きやすい職場づくりのためのダイバーシティ&インクルージョンの推進』って書いてあって、知らないとまずいんじゃないかと思って、少し調べてみたの。」

桂木さん 「確かに、ダイバーシティは知らないと損するかもね。」

樹 「ダイバーシティかぁ、実はよくわからないんだよね。就職にも関係しそうだし、勉強してみようかな。」

現代の企業にとって「ダイバーシティ」と「多様な働き方」は重要なキーワードである。そのため、企業は様々な制度や仕組みを通して、ダイバーシティの推進や活用に積極的に取り組んでいるだけでなく、テレワークや副業などの多様な働き方を可能にするための環境整備に努めているのである。

3 ダイバーシティ(1)：基本的な考え方

テレビや新聞、さらには企業のwebページといった様々なところで「ダイバーシティ経営」や「ダイバーシティ&インクルージョン」など、「ダイバーシティ(diversity)」という単語をよく見聞きするようになって久しい。では、ダイバーシティとはいったい何なのだろうか。実はこの問いに答えるのは容易ではない。なぜなら、学術的には現段階では必ずしも統一的な定義があるわけではないからである。また、アカデミックな世界と日常や実務の世界では、必ずしも同じ意味で用いられているとは限らないからである。

では、学術的には（特に組織行動論では)、どのような意味として用いられているのだろうか。ここでは、様々なダイバーシティの定義の中から「違い(difference)」に注目した代表的な考え方についてみていこう。この立場では、ダイバーシティは、チームや会社などの社会的集団の特性を表す概念と考えられている。より具体的に言うと、ダイバーシティとは、集団のメンバー間に存在する主観的または客観的な違いの程度を反映する社会集団の特性のことである。そのため、ダイバーシティは、年齢、性別、民族などの人口統計学的な背景ならびに専門領域や勤続年数などの仕事関連の特性に加えて、より深層的な心理的特性であるパーソナリティ、態度、価値観などの幅広い属性における違いに関連している。その中でも学術的には、ダイバーシティとして年齢、性別、民族、勤続年数、教育的背景、専門的背景に注目した研究がなされてきたのである。

この集団内の違いに注目してダイバーシティを概念化する立場には3つの特徴があるとされている。第1の特徴は、ダイバーシティを個人ではなく集団の特性を表す概念としている点である。第2の特徴は、集団内のメンバー間の違いによる集団の機能への影響を解明することを研究上の主な目的としている点である。第3の特徴は、客観的な指標によって把握される客観的な違いに加えて、知覚によって把握される主観的な違いにも注目している点である。

では、集団内のダイバーシティは、組織にどのような影響をもたらすと考えられているのだろうか。理論的には、集団におけるダイバーシティの影響には、ポジティブな影響をもたらすとする立場とネガティブな影響をもたらすとする立場が存在する。ポジティブな影響を想定する立場は、ダイバーシティの情報的な資源に注

Column14-1

インクルージョン（inclusion：包摂）

近年、ダイバーシティ（diversity：多様性）とセットで議論されるようになってきたのがインクルージョンである。インクルージョンの統一的な定義は存在しないが、マネジメント分野における代表的な定義によれば、インクルージョンは「従業員が所属性（belongingness）と独自性（uniqueness）の欲求を満たすような扱いを経験することで、仕事集団において尊重されたメンバーであることを認識する程度」とされている。ここでは、集団内における個人の経験に注目した概念化がされている。この考え方に基づけば、インクルージョンとは、職場に受け入れられつつも自分らしさを発揮できている状態と言える。ダイバーシティが集団内の「違い」に注目する概念であるのに対して、インクルージョンは、個の違いを尊重しつつ集団としての「融合」に注目する概念であると考えられる。つまり、ダイバーシティとインクルージョンを同時に追求することを求められている現代の企業は、どのようにして組織内に「違い」を確保し、その「違い」を尊重しつつ組織としての「融合」を図るかが問われていると言えよう。

日本を代表する企業の１つであるトヨタ自動車は、ダイバーシティ＆インクルージョンの推進を、重要な経営基盤の１つとして位置づけている。ダイバーシティ＆インクルージョンの推進を通して、多様な才能や価値観を持つ人材が最大限能力を発揮し、１人ひとりにとって魅力的な自己実現の場となる環境づくりに積極的に取り組んでいるのである。また、カジュアルブランド「ユニクロ」で知られるファーストリテイリングも、多様性の尊重を理念の１つに位置づけることで、ダイバーシティ＆インクルージョンの推進に積極的に取り組んでいる企業の１つである。ファーストリテイリングも、世界中で働く従業員１人ひとりの違いを個性として尊重し、すべての人に挑戦と可能性を広げる機会が平等にある職場環境の醸成を目指して取り組んでいるのである。

目することで、パフォーマンスに対して肯定的な影響をもたらすと考えている。つまり、ダイバーシティが高い集団では仕事に関連する異なる情報が集団内に豊富に存在しているという前提に立つ。そして、それらの情報的な資源をうまく活用することによって、良い成果をもたらすことになると考えるのである。

一方、ネガティブな影響を想定する立場は、人間は自分との類似性や違いから、自分と似た他者（内集団）と自分とは異なる他者（外集団）とを区別するという前提から出発する。そして、人間は外集団よりも内集団を好むため、内集団に対しては好意的な態度や信頼、さらには協調の意思を示すことになる。そのため、ダイバーシティの低い集団の方が、コミュニケーション不足や対人関係上の衝突が生じる可能性が低くなるため、良い成果につながると考えられている。このように、ダイバーシティの「両刃の剣」という性質を考慮すると、職場においては、ダイバーシティのポジティブな影響を効果的に引き出すとともにネガティブな影響を抑制するためのマネジメントを実践することが重要となってくるといえよう。

4 ダイバーシティ(2)：女性、障がい者、セクシュアル・マイノリティ

現代の企業は、組織内のダイバーシティを高めるだけではなく、あらゆる人材が尊重され、誰もが自分らしく働くことができる働きやすい職場の醸成を通して組織の活性化やイノベーションの促進、競争力の向上を図るダイバーシティ・マネジメントに取り組んでいる。これまで、ダイバーシティ・マネジメントの対象は、日本においては主に性別のダイバーシティとしての女性であった。そのため、企業は、女性が働きやすい職場環境の整備に積極的に取り組んできた。特に、男性に比べて平均勤続年数が短いことや管理職比率が低いことが女性活躍の推進にとって主要な課題であるため、これらの改善を目指した取り組みを積極的に行ってきた。その効果もあり、女性一般労働者の勤続年数は徐々にではあるが長期化傾向になってきている。また、女性管理職比率も増加傾向にあるが、依然として低い状態である（**図14－1**）。企業には、引き続き性別に関係なく１人ひとりが成長し、活躍できる職場環境の実現のための努力が望まれている。

現在では、ダイバーシティ・マネジメントの対象は女性に加えて高齢者（高齢者の活用に関しては第10章を参照）や障がい者、さらにはLGBTといったセクシュアル・マイノリティまでその対象が広がってきている。民間企業で働く障がい者は、2020年６月１日の時点では57万8,292人であり、17年連続で過去最多を更新している。日本で障がい者の雇用が促進されるようになった契機は、1960年の身体障害者雇用促進法の制定といえよう。これにより、事業主に対して法定雇用率に基づく身体障がい者の雇用努力義務が課せられたのである。そして、1976年の改正で、事業主は法定雇用率以上の身体障がい者を雇用することが義務化された。身体

【図14－1　役職別管理職に占める女性割合の推移（企業規模100人以上）】

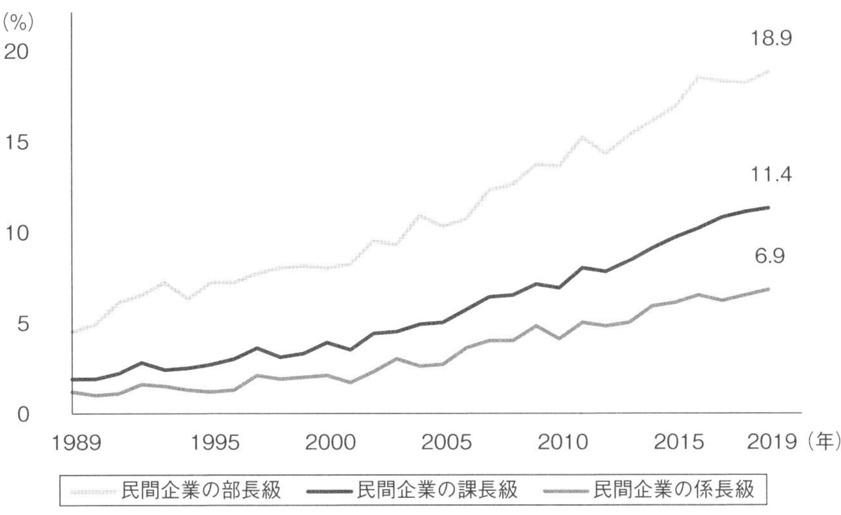

出所：内閣府（2020）、Ⅰ-2-11図

障害者雇用促進法の施行以降、身体障がい者の雇用状況は少しずつ進展していったと言える。

その後、1987年に身体障害者雇用促進法は障害者雇用促進法へと改称されるとともに適用対象となる障がい者の範囲が拡大された。障害者雇用促進法はその後も何度かの改正が行われており、2018年には雇用義務の対象として精神障がい者が加わることになった。また、2019年には障がい者の雇用義務対象となる民間企業が従業員数50人以上から45.5人以上へと範囲が拡大され、法定雇用率も2.0%から2.2%に引き上げられた。さらに、2021年の３月には民間企業の法定雇用率を2.3%へと引き上げられた。このように、障がい者雇用の法的な環境は整いつつあるが、現実的には受け入れ側である企業にとっては課題が山積されているというのが実情であろう。「平成30年度障害者雇用実態調査」によれば、企業は、障がいの種別に関係なく「会社内に適当な仕事があるか」と「障害者を雇用するイメージやノウハウがない」を雇用する際の課題としてあげている。また、この調査では、障がい者の賃金や勤続年数の実態が示されており、障がいの有無による差のみならず障がいの種別間に差が存在していることが明らかになっている。

今日の企業が直面するダイバーシティに関わる新しいテーマが、セクシュアル・マイノリティへの取り組みであろう。日本におけるLGBTや同性婚といった言葉の浸透とともに、2015年のLGBT元年以降、性的指向（どのような性の人を好きになるか）や性自認（自分の性をどのように認識しているのか）に対する社会的な関心は高まってきている。LGBTはもともと、レズビアン・ゲイ・バイセクシュアル・トランスジェンダーの頭文字をとった言葉である。しかし、現在では他の性のあり方（クィア、クエスチョニング、インターセックス、アセクシュアル、Xジェンダー、トランスセクシュアルなど）を含む広い言葉として「LGBTI」「LGBTQIA」「LGBTQ+」などと表現される場合もある。

セクシュアル・マイノリティに対する社会的関心が高まる一方で、セクシュアル・マイノリティの就労に関して取り組んでいる企業は未だ多くないのが現状である。セクシュアル・マイノリティの就労に関する問題は表面化しにくいという性質もあり、当事者はいまだ様々な場面で苦しんでいるのが実情であろう。現時点では、どのような就労上の課題や問題が存在し、どのような施策や仕組みがあれば当事者はより働きやすくなるかについてはまだまだわかっていないことが多いと言わざるを得ない。

これらの現状に鑑み、厚生労働省は「多様な人材が活躍できる職場環境に関する企業の事例集～性的マイノリティに関する取組事例～」を作成し、誰もが働きやすい職場環境の整備の推進を図っている。この事例集では、企業が職場におけるセクシュアル・マイノリティに取り組む意義や企業で実施している取り組み上のポイントなど、実例を紹介することで各企業での取り組みや労働者による性的指向・性自認についての理解の促進に努めている。

5 多様な働き方（テレワーク、副業）

近年の日本における変化の波は、私たちの働き方にまで迫ってきている。これまでの典型的な働き方と言えば、就業規則に基づき特定の場所に朝出社し夕方までそこで仕事をして帰宅する。そして、勤務時間以外は他の会社などの業務ではなく、プライベートな時間として過ごすというものであった。こうした働き方に変化が生じている。その代表的なものが「テレワーク」と「副業」である。現在、国をあげてテレワークや副業を推進することで、より多くの人が多様な働き方を自由に選択できる社会の実現に取り組んでいる。多様な働き方の提供を迫られている企業は、テレワークや副業の導入を通して、働きやすい環境の整備と多様な労働者との間の

Column14-2

知覚された組織的支援

近年の組織行動論や人的資源管理においてよく目にする概念の１つに「知覚された組織的支援」（Perceived Organizational Support：POS）がある。POSとは「従業員の貢献を組織がどの程度評価しているのか、従業員のウェルビーイングに対して組織がどの程度配慮しているのかに関して、従業員が抱く全般的な信念」と定義されている。もともと、POSは、従業員が抱く組織に対するコミットメント（組織コミットメント）の発達を説明するために生まれた概念である。また、POSは、組織と個人との関係性の質を従業員の視点から把握するための概念であるとも言われている。ちなみに、POSにおける、「support」とは、一般的な意味での「支援」ではなく、組織による従業員のウェルビーイングへの配慮と組織に対する貢献への評価を意味している。つまり、POSが高いとは、会社はきちんと自分のウェルビーイングを気にかけ、会社に対する貢献を評価してくれていると認識している状態と言える。なお、POS研究の特徴は、組織行動論で取り上げられている他の概念とは異なり、統一的な定義のもとで研究蓄積がなされてきた点である。

POSに対する高い注目の背景には、組織に関連のある結果変数（パフォーマンスや離職など）との関連性、幅広い職業への適応可能性、測定尺度の高い信頼性、説明理論の基礎の頑強さ、などが指摘されている。実際に、POSは幅広い結果変数との関連が確認されており、組織や個人にとって良い結果をもたらすことが示されている。例えば、POSは感情的コミットメントや職務満足、ワーク・エンゲイジメント、組織への信頼などに加えて、パフォーマンスや組織市民行動などを高めるとともに、離職意思や非生産的な行動、ストレスなどを低下させることが明らかになっている。職場でのテレワークや副業の推進に伴い、働き方の多様化が進展している今日においては、組織と個人との関係性にも変化が生じるのは必然である。大きな変化の中で企業が成長できるかは、多様な労働者との間に良好な関係性を築けるかがカギとなる。

良好な関係性の構築に努めているのである。

◈ テレワーク

多様な働き方の実現にとって大きな期待をされているのがテレワークである。日

【図14－2　雇用型テレワーク導入率の推移】

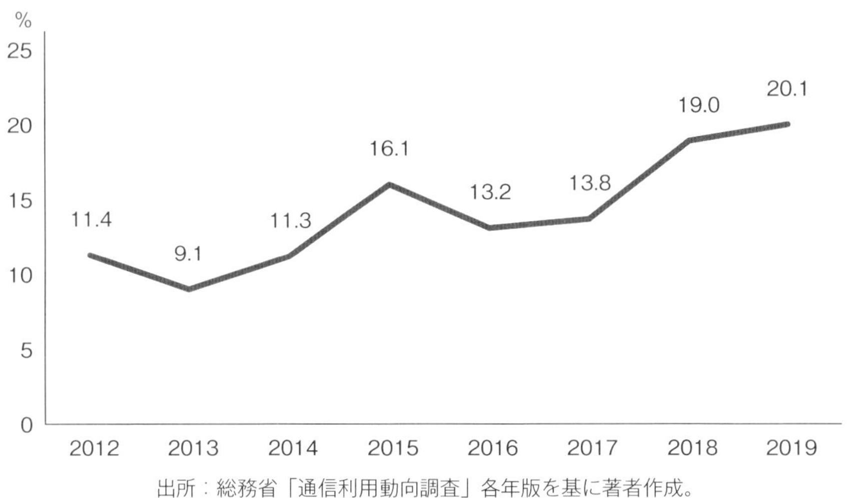

出所：総務省「通信利用動向調査」各年版を基に著者作成。

本テレワーク協会によれば、テレワークとは「情報通信技術（ICT）を活用した、場所や時間にとらわれない柔軟な働き方」とされている。この定義はマス・メディアがテレワークをとりあげる際にもしばしば引用されている。総務省も同じような考え方をしており、「ICTを利用し、時間や場所を有効に活用できる柔軟な働き方」としている。このように、一般的に、テレワークとは、従来型の働き方に比べて時間や場所をより有効に活用できる新しい働き方の１つとされている。「令和元年版通信利用動向調査報告書」によれば、企業におけるテレワークの導入率は2012年の11.4%から2019年には20.1%へと増加傾向にあり、今後も導入が進むと考えられている（**図14－2**）。

ちなみに、テレワークと一口に言ってもいろいろな形態が存在している。ここでは頻繁に引用される総務省や厚生労働省による分類を紹介する。これらの分類では、まず雇用形態の観点から、企業に勤務しない個人事業主が行う自営型テレリークと企業に勤務する被雇用者が行う雇用型テレワークとに大別されている。人的資源管理という観点においてより重要になるのは、後者の雇用型テレワークである。この雇用型テレワークは、働く場所でさらに分類され、在宅勤務、モバイルワーク、サテライトオフィス勤務（施設利用型勤務）の３つに細分化されている（**表14－1**）。

【表14－1　雇用型テレワークの分類】

分　類	内　容
在宅勤務	所属しているオフィスに出社せず、自宅を就業場所とする働き方のことで、全く出社をしない「完全在宅勤務」と出社が週１回や月数回といった「終日在宅勤務」がある
モバイルワーク	施設に依存せず、いつでも、どこでも仕事が可能な働き方のことで、移動中や顧客先、カフェなども就業場所に含まれる
サテライトオフィス勤務	所属しているオフィス以外の他のオフィスや遠隔勤務用の施設（サテライトオフィス、テレワークセンター）を就業場所とする働き方

では、テレワークの活用にはどのようなメリットとデメリットがあるのだろうか。厚生労働省によれば、企業側のメリットとして①業務効率化による生産性の向上、②育児・介護等を理由とした労働者の離職の防止、③遠隔地の優秀な人材の確保、④オフィスコストの削減、などをあげている。対して、労働者側には①通勤時間の短縮、②通勤に伴う精神的・身体的負担の軽減、③業務効率化、④時間外労働の削減、⑤仕事と生活の調和を図ることが可能、などのメリットがあることを指摘している。このように、テレワークには企業と労働者の双方にとって多くのメリットがある一方で、デメリットも明らかになっている。

労働政策研究・研修機構（2015）によると、企業側は「労働時間の管理が難しい」や「コミュニケーションに問題がある」をテレワーク上の課題として認識をしていることが示されている。一方、実際にテレワークを利用した労働者は「仕事と仕事以外の切り分けが難しい」や「長時間労働になりやすい」といった点を課題として感じていることがわかっている。テレワークをより効果的に活用するためには、メリットの最大化とデメリットの最小化を企業と労働者の双方が考える必要がある。

◆副　業

2018年は副業（解禁）元年とも呼ばれており、テレワーク同様に副業への関心が高まっている。近年、副業を希望する雇用者だけでなく雇用者として副業を実際に行っている人たちは増加傾向にある（**図14－3**）。副業自体は、必ずしも新しい働き方ではないが、近年注目されるようになった背景には、政府の進める働き方改革実行計画の１つとして副業解禁が推進されたことがあげられる。また、副業は柔

【図14－3　副業を希望する雇用者および副業者数等の推移】

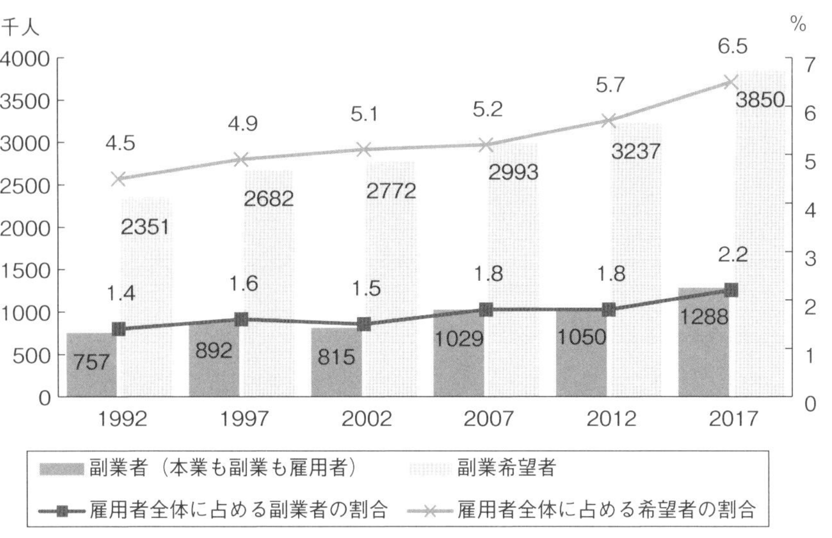

出所：総務省「就業構造基本調査」を基に著者作成。

軟な働き方の選択肢を提供することで、多様な人々が働きやすい社会の実現にも貢献するという理由でも注目されている。

そもそも副業とはどのような働き方なのだろうか。現時点で明確な定義は存在しておらず、兼業との違いも曖昧である。例えば、中小企業庁による「兼業・副業を通じた創業・新事業創出に関する調査事業研究会提言」の中では、「兼業・副業とは、一般的に、収入を得るために携わる本業以外の仕事を指す」とされており、兼業と副業とは区別されていないことがわかる。また、ここでは副業を「収入を得るために携わる本業以外の仕事」としているが、最近では副業の目的が多様化しており、必ずしも収入を得ることだけを目的に行われるものではなくなっている。そこで、本章では、副業とは2つ以上の仕事に従事する働き方としてより広く捉えることにする。

近年、徐々にではあるが副業を容認する企業が増えてきている。さらには、企業だけでなく、兵庫県神戸市や奈良県生駒市などの地方自治体も限定的ではあるが副業を認め始めている。では、副業には、企業と労働者のそれぞれにとってどのようなメリットとデメリットがあるのだろうか。中小企業庁（2017）は、副業のメリットとデメリットを**図14－4**のように整理している。

【図14－4　副業のメリットとデメリット】

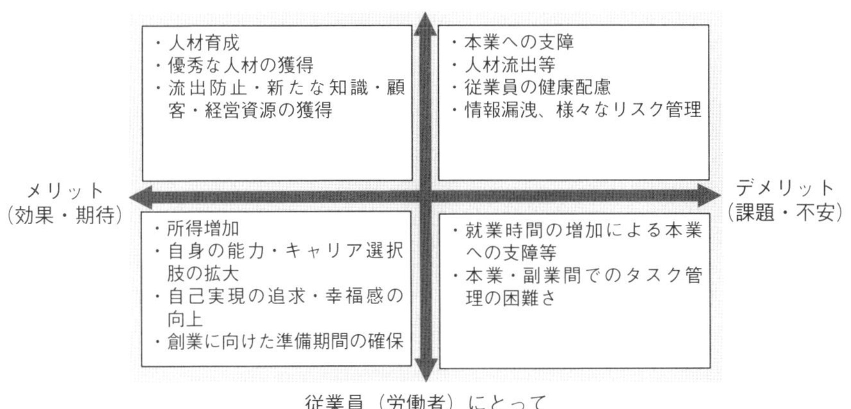

出所：中小企業庁（2017）

図14－4から、企業にとって、人材育成の効率化や優秀な人材の獲得・確保といったメリットがあるのに対して、労働者にとっては、所得の増加や現在の会社を辞めることなく新たなスキル・経験の獲得といったメリットが考えられている。同時に、副業が良いことばかりをもたらすとは限らないこともわかる。そのため、人的資源管理では注意を要する。具体的には、企業は、副業によって自社の業務遂行に支障が生じさせないようにすること、秘密情報の漏洩防止に努めることが求められる。また、労働時間が長くなる可能性があるため、労働時間や健康の管理にさらなる工夫が求められる。しかし、これらの点は、企業だけが努力することではなく、労働者本人による日頃の心がけや取り組みも必要となろう。

6　おわりに

本章では、まず、ダイバーシティとは集団の特性を表す概念のことであり、集団のメンバー間に存在する主観的または客観的な違いの程度を反映する集団特性であることを確認した。そして、ダイバーシティの集団に対する影響には、ポジティブな影響をもたらすとする立場とネガティブな影響をもたらすとする立場があることも学んだ。

次に、現代の企業にはダイバーシティの推進と効果的な活用のためのダイバーシティ・マネジメントの実践が求められている中で、その対象が女性だけでなく障がい者やセクシュアル・マイノリティにまで拡大していることについて触れた。企業には、組織内のダイバーシティを高めるだけではなく、性別や障がいの有無、セクシュアリティにかかわらず、あらゆる人材が尊重され、誰もが働きやすい職場環境の醸成を通して組織の活性化やイノベーションの促進、競争力の向上を図るマネジメントが求められているのである。

続いて、多様な働き方の実現の救世主として期待されているテレワークと副業を取り上げ、これらを取り巻く現状およびそれぞれのメリットとデメリットを学んだ。多様な働き方の実現のみならず女性や高齢者、障がい者などの就業機会の拡大にとっても期待が大きいテレワークや副業をより効果的に活用するためには、メリットの最大化とデメリットの最小化の実現に向けた努力が企業と労働者の双方には求められている。特に、テレワークや副業は、企業と労働者の双方に対して労働時間管理（第11章）や健康経営・安全衛生（第12章）に関する新たな課題を突き付けている。

このように本章では、現代の人的資源管理を取り巻くキーワードの1つであるダイバーシティについての理解を深めるとともに、関連トピックとしてテレワークと副業について学んできた。本章で学んだことは、自身のキャリアを考える際だけでなく、将来実際にマネジメントする立場になったり、人事部門に配属されたりした際に役立つことであろう。

? 考えてみよう

① 障がい者雇用率の高い日本企業を調べて、どのような人的資源管理上の要因が高い雇用率につながっているのかを考えてみよう。

② セクシュアル・マイノリティが働きやすい職場環境を実現するために企業はどうすればよいかを考えてみよう。

③ 新入社員がテレワークを利用する際に直面するであろう課題にはどのようなものがあり、どうすれば克服することができるかを考えてみよう。

次に読んでほしい本

☆日本において女性管理職が少ない要因について、詳しく学ぶには…。

大沢真知子（2019）『なぜ女性管理職は少ないのか―女性の昇進を妨げる要因を考

える』青弓社。

☆セクシュアル・マイノリティの雇用について、詳しく学ぶには…。

三成美保編（2019）『LGBTIの雇用と労働―当事者の困難とその解決方法を考える』晃洋書房。

☆副業に関する知見について、詳しく学ぶには…。

川上淳之（2021）『「副業」の研究―多様性がもたらす影響と可能性』慶應義塾大学出版会。

第15章

国際人事

1 はじめに

現代の企業において、国境を越えた経済活動はもはや当たり前である。企業は複数の国にまたがって事業活動をすることで、すなわち多国籍企業となることで、多様な国籍の従業員を抱えることになる。多様な国籍の従業員を抱えた多国籍企業は、どのように人事管理を考えればよいのだろうか。本章で学んでいこう。

2 ミニケース：グローバル化に対応した人事施策

グローバル化は薫の悩みの種だ。花里食品株式会社は５年前から海外進出を活発に行っている。新規に海外子会社が設立され、現在では花里食品株式会社グループの社員の半数以上は外国籍人材である。

この５年間、薫はグローバル化に対応した以下の人事施策を打ってきた。

① ５年前から新卒採用の基準を変更した。留学生採用を活発に行い、さらに日本人を採用するときも、英語力や海外留学経験を重視し、海外志向の強い学生を優先的に採用した。

② 薫の同期を中心に、国内の実績十分なメンバーを海外子会社の社長（駐在員）として推薦した。

③ 海外子会社の従業員を日本に派遣し、教育するプログラムを４年前からスタートさせ、本社の国際化を図った。

しかし当初の予想通りには、この人事施策は機能しなかった。５年前に採用した留学生のうち既に８割は会社を辞めている。さらに海外志向が強いと聞いて採用した入社５年日の社員に「来年の駐在を希望する人はいるか」と聞いても手を上げる社員は一人もいなかった。

海外駐在をした同期にも良くない噂を聞く。かつて同期の出世頭といわれた菊田は、駐在員として成果をあげられず、意気消沈して日本に戻ってきたという。一方、現地で華々しい成果をあげて帰国した桃井は、昨年帰国してわずか３か月で転職をしてしまった。どうしたものかと、薫は菊田と桃井を居酒屋に呼んで話を聞いた。

薫 「海外はどうだった？　率直に教えてくれ。」

菊田 「自分のやってきたことが通用しなかった。自分のやり方を現地社員は理解してくれなくて、強制したら退職者が続出してしまった。力不足で申し訳ないがもう海外駐在はこりごりだ。」

桃井 「俺は海外が性に合っていた。日本にいても面白い仕事がない。海外では会社の成長を実感できたが、日本にいたらやれコストカットだ、やれ根回しだで疲れた。だから海外駐在させてくれる会社に転職したよ。」

薫 「そうだったのか……。」

桃井 「あと、杜野、海外子会社の社員を日本に派遣するプログラム、あれは見直したほうが良い。優秀な奴を送ったが、日本の教育がひどいと怒っていた。また、日本人社員も彼らに対してよそよそしかったらしいぞ。」

菊田 「そうだな、あのプログラムはひどい。あのプログラムにあるマネジャーを選んだことで、ますます現地従業員と溝ができた気がする。なんであんなプログラムになったんだ？」

薫 「そうなのか……。」（なんでこうなってしまったんだ……。）

3 国際化の影響

国際化によって企業はどのような課題にぶつかるのか。こうした課題を考える際に役立つのが、パンカジュ・ゲマワットの「CAGEフレームワーク」である

(Ghemawat, 2001)。CAGEとは、Cultural distance（文化的距離）、Administrative & political distance（制度的距離）、Geographic distance（地理的距離）、Economic distance（経済的距離）の頭文字をとったもので、国際化した企業が直面し、時に困難をもたらす距離（違い）についてまとめたものである。

文化的距離とは、言語、民族、宗教、慣行、嗜好に起因する文化の違いである。例えば特定の宗教の影響が強い国に進出するのであれば、その宗教を尊重した人事施策が必要となる。国際経営では、国の文化が経営に与える影響を踏まえ、国民文化の測定方法についての議論も行われている（Column15－1参照）。

制度的距離とは、法律、外資規制、税制、労使関係などの違いである。例えば、本国と法定労働時間が異なる国では、本国と同じ働かせ方はできない。また独裁国家と民主国家、汚職・賄賂が横行している国とそうでない国など、その国の制度や政治の質の違いも考慮しなければならない。制度や政治の質が低い国では、急な制度変更などのリスクも、人事管理において考慮しなければならない。

地理的距離とは、物理的な距離、時差、気候の違い等である。物理的な距離が遠い相手の状況は、近くにいる相手の状況に比べて理解しづらいため、遠く離れた社員の状況を把握することは難しい。そのため、遠くからでも社員の状況を把握できるシステムが必要となることもある。また、平均気温が非常に高い国での働き方は、日本のように比較的気候が穏やかな国とは当然異なる。こうした違いを人事管理では考慮しなければならない。

経済的距離とは、購買力、電気・水道・インターネットなどのインフラの整備状況、教育や技術の水準、天然資源・人的資源・資金・情報の利用しやすさの違いのことである。例えば教育環境が整っていない新興国では、高度な教育を受けた人材が少ないため、人材の取り合いになることがある。そのため、現地の大学などと連携し、自社の教育能力を強化する企業もいる。

もちろんこうした違いは国内にも存在している。しかし国際化すると、こうした違いが大きくなる傾向にある。そのため、海外進出をきっかけに異なる国籍の人材を雇った企業は、国際化によってもたらされる違いを考慮して人事管理を考えなければならない。特に重要なのは、その企業の元々の人事管理を海外子会社にそのまま導入するか、進出国の事情に合わせて変更するかである。ダイバーシティを考慮すれば、各国の事情に合わせた人事管理が望ましいように思えるだろう。しかし企業によっては、その企業独特の教育・評価・報酬システムが強みとなっていること

Column15-1

国の文化の測定

国の文化をどのように測定するかについては、様々な議論が行われてきた。その中で、国際経営の分野で最もポピュラーなものとして、ヘールト・ホフステッドの国民文化の尺度がある。ホフステッドは、企業の経営に影響を与える国の文化について、以下の６つをあげている。なお、これらの最新のデータは、ホフステッドのホームページ（https://www.hofstede-insights.com/）で確認できるので、気になる国同士を比較してみてほしい。

ただし、この尺度には学会でも賛否がある。この測定尺度を絶対視し、特定の国・地域の人々に偏見を持つような使い方は絶対にしてはいけないことを、留意してほしい。

① 権力格差（Power distance）：その国の中の権力の弱い人が、権力の格差がある状態を受け入れている社会かどうか。高いほど格差が受け入れられている。
② 個人主義（Individualism）：個人と個人の結びつきがゆるやかで、個人の利害が集団の利害よりも優先される社会かどうか。逆が集団主義（Collectivism）。
③ 男性らしさ（Masculinity）：物質的な成功を遂げることが社会の目標で、自己主張や競争が重視されている社会かどうか。逆は環境や協調などが重視されている社会かどうか（Femininity）。
④ 不確実性の回避（Uncertainty avoidance）：不確実な状況や未知の状況に対して脅威を感じる、リスクを避ける社会かどうか。
⑤ 長期志向（Long-term-orientation）：持続性、徳の重視、序列への感覚、倹約、恥の感覚といった長期的な志向が重視される社会か。逆が短期志向（Short-term-orientation）。
⑥ 享楽主義（Indulgence）：人生を楽しみたいという人間の基本的で自然な欲求を比較的自由に満たすことができる社会かどうか。逆が節制主義（Restraint）。

もあり、一概に個別対応をすることが望ましいともいえない。

その企業が（主に本国で）元々採用していた人事管理を標準として海外子会社（および外国籍人材）にそのまま適用するか、それとも現地の違いを踏まえて適応させるかは、標準化と適応化の選択の問題として国際経営では扱われる（Bartlett & Ghoshal, 1989）。さらに人事管理の場合は、国際的にベストプラクティスとされている人事管理に合わせる、という第３の選択肢も存在する。例えば、米証券取引委員会は、2020年11月に人的資本の情報開示を米国の上場企業に義務付けた。その結果、人的資源管理の国際標準の１つである「ISO30414」を参照する企業も増えている。すなわち日本企業の場合、日本の人事管理のやり方、現地国の人事管理のやり方、国際的なベストプラクティスとされる人事管理のやり方の、３つの選択肢が突き付けられているのである。

4　多国籍企業で働く人材への個別人事

多国籍企業はどのような人材をどのようにマネジメントするのか。ここでは、海外駐在員、海外子会社の現地国籍人材、本国本社の外国籍人材の３つに絞った議論を行う（**図表15－1**）。

【図15－1　多国籍企業で働く人材】

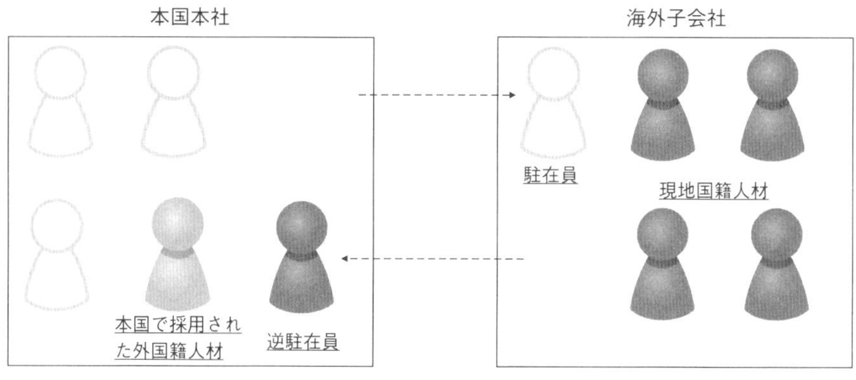

◈ 海外駐在員

海外駐在員（Expatriate）とは、海外子会社に所属して働く人材のうち、別の国の法人から出向し、３～５年程度、現地に滞在し働いている人材のことである。冒頭のミニケースでも、薫の同期の菊田氏と桃井氏が駐在員として海外に派遣されていた。日本企業の場合、駐在員の多くは日本から派遣される。そのため、以下では、本国本社から派遣される駐在員への人事施策について、海外派遣前、派遣中、派遣後に分けて説明する。

まず、派遣前は、駐在員候補の選抜とその育成を考えなければならない。一般的には、当人の仕事のスキル、言語スキル、リーダーシップスキル、社交スキルなどが考慮される。しかし、国内と海外の仕事は異なるため、駐在員として成功するかどうかの適性を事前に予測することは難しい。ミニケースの菊田氏のように、国内で成功していた人材が海外で通用しないケースは少なくない。

次に育成の面に関しては、言語、文化、仕事の引継ぎなどについて、充分な教育を行うことが望ましい。充分な教育をした駐在員を派遣している企業のほうが、現地従業員とのコミュニケーションや現地市場の把握の面で強みを持っているといわれている。しかし、急に海外駐在が決定した場合、十分な育成時間を与えられないことがある。

派遣中は、駐在員への適切な処遇が求められる。まず、駐在員は本国とは違う環境に置かれるため、本国の時よりも金銭的な報酬を増やし、現地での生活を保証する必要がある。次に、彼ら・彼女らを仕事面でもサポートすることも必要である。駐在員は、現地の文化への適応に悩むことはもちろん、本社と子会社の間で板挟みにあった結果、ストレスを感じることも多い。そのため、彼ら・彼女らの業務を適宜サポートする必要がある。さらに、駐在員の成果を明確に評価することも、彼ら・彼女らのモチベーションを上げるために必要である。

派遣後に帰国する駐在員を「海外帰任者」と呼ぶ。海外帰任者は本国の文化に対してカルチャーショックを受けることがある。過度に海外に適応した海外帰任者の場合、そうしたショックに抗い、本国に適応することを拒む場合もある。薫の同期の桃井氏はそうしたケースであるといえる。また逆に、本国に再適応するために、本国と海外の仕事は別と考えて、海外で培ったスキルを利用しない帰任者も少なくない。これは海外経験が活かされていないという点で、企業にとって損失である。このような問題を防ぐためには、海外帰任者のスキルを発揮できる仕事やポストを用意する必要がある。また、本国に帰任する前に、本国の状況を伝えたり、次の仕事の話をしたりすることが、帰任者の赴任後の満足度を上げることも明らかになっている（内藤、2011）。

◈ 現地国籍人材

次に海外子会社の進出先で採用される人材に注目しよう。海外子会社において現地国籍以外の人材が採用されることもあるが、ここでは現地国籍人材（以下、現地人材）に焦点を当てる。以下では、採用、育成、評価・報酬、人事異動の４つから議論しよう。

採用にあたって考えるべきは、自社が現地人材からどのように思われるかである（大木, 2016）。個別企業としてのイメージはもちろん、外資系企業である以上、その企業の出身国のイメージも影響する。例えば、日本企業の場合、日本人中心の組織体制が長く続いているため、現地人材は日本企業では出世できないというネガティブなイメージがついていることもある。採用の際には、自社のイメージを理解し、自社の良さを現地人材にわかりやすく伝える工夫をしなければならない。

採用した現地人材には、まずは一定の導入教育が必要である。その教材は、本国等で既に作られたものを現地に合わせる場合や、現地で独自に作る場合がある。また、技術指導が必要であれば、他国から指導員を呼んだり、他国に勉強しに行ったりすることもある。採用時以降の教育は、業務の中でスキルを磨いていくことになるが、企業として現地人材に新たなスキルを身に付けてほしい場合、再度の教育が必要になることもある。その際、企業側と現地人材側の教育ニーズがずれていないかを注意しなければならない。例えば、日本企業の場合、１つの業務だけでなく、自分の業務の幅を広げる多能工化が重視される傾向にある。しかし、現地人材が１つの業務の専門性を高めることを望む傾向にあるのであれば、このような育成方針はモチベーションを下げる。同様に、育成のスピードも重要である。日本では長期的な成長を考えた教育が好まれる傾向にあるが、特定の国では、時間をかけた教育よりも、短期間に教育を詰め込む方が好まれることがある。そうした現地人材からすると、遅すぎる教育は好ましくない。

評価のあり方はその国の文化等に依存する。結果評価とプロセス評価、絶対評価と相対評価、個人評価とチーム評価など、国によって現地人材の評価の好みは変わってくる。ただし、これらは同じ国の中でも個人差があるので、会社として社員に求めることをベースに、ある程度その国に適応した評価方法を考えるというのが現実的である。

しかしいずれにしても、ある程度明確な評価基準は必要である。明確な評価項目や評価尺度を用意しておいたほうが、文化背景の違う現地人材にとって評価の納得性を高められるからである。しかし、特定の評価基準を押し付けすぎてもいけない。評価において本質的に重要なのは、評価された本人が納得し、自らの強みや弱みを理解した上で、次の仕事につなげることである。そのため、上司が普段から部下とコミュニケーションをとってフィードバックをしたり、上司だけでなく同僚などがフィードバックを与えたりすることも有効である。

一方、評価と報酬の連動も考える必要がある。評価の高い人に対しては、金銭的報酬はもちろん、教育機会の提供、福利厚生の充実、昇進も含めた次の仕事の提示等を行うべきである。どのような形にしても、現地人材の頑張りが報われる環境づくりが求められる。

最後に人事異動である。高い評価をされた現地人材には、昇進を考えなければならない。長く昇進できなければ、転職してしまうこともある。特に駐在員が多数いる場合、駐在員が現地人材の昇進ポストを奪ってしまっていることもあるので、現地に必要な駐在員の数と現地人材の成熟度を見極めながら、どのポストは現地人材に任せられるかを検討する必要がある。そうやって駐在員を現地人材に置き換えることを「人材の現地化（staff localization）」と呼ぶ。

一方、現地人材の登用を進めた後、結局海外子会社の中の昇進ポストが埋まってしまうこともある。このような場合、海外子会社の中で新事業を展開して新しいポストを作るか、本国も含めた他国に駐在・転籍させることがありえる。現地人材でも、本国本社の執行役員、取締役、さらには社長にもなれるとなれば、現地人材のモチベーションは高くなる。

◈ 本国本社の外国籍人材

最後に、本国本社で働く外国籍人材について議論する。まず前述のように、海外子会社で採用された従業員が、本国本社に駐在員として本国で働くことがある。こうした人材は「逆駐在員（inpatriates）」と呼ばれる。逆駐在員は、本国本社の知識を吸収したり、海外の知識を本国に移転したりする役割を担う。

また、本国本社で外国籍人材を採用するケースもある。例えば日本企業の場合、日本で育った外国籍人材、日本の大学・大学院を出た留学生を新卒採用するケースも増えている。さらに、新卒だけでなく、取締役などの重要なポジションに外国籍の人材を起用することで、多様な視点を取り入れる取り組みをしている日本企業もある。

以上のようにして、本国本社側の国際化が進むことを吉原英樹は「内なる国際化」と呼んでいる（吉原、1996）。内なる国際化が進むことは、本国人材の意識を国際化に向かわせることになる。ただし、外国籍人材が本国に増えても、内なる国際化が進むとは限らないのは、ケースが示すとおりである。色濃く残る本国の慣習が、外国籍人材の活用を阻害するケースは、日本企業でもみられている。

5 グローバルHRM

これまで人材を国籍で分けて議論してきた。これは、日本企業に限らない多国籍企業において、国籍によって人材の役割が異なることが多いからである。これは差別とは限らない。企業の戦略によっては、特定の国籍の人にはそのスキル（例：言語）が活きる形で特定の仕事をしてもらうことが、合理的なこともあり得る。しかし、多国籍企業としてグローバルに成長する際の理想形は、国籍を問わない適材適所の人的資源管理、すなわちグローバルHRMを行うことである。

もちろん、真にグローバルなHRMを行っている企業は多くなく、現状一部の世界的な企業に限定される。しかし、それらの取り組みからグローバルHRMに関する示唆を得ることはできる。

まず、職務内容を可能な限り明文化することである。各自の職務内容のことを、「ジョブ・ディスクリプション（Job description, JD）」と呼ぶ。JDを明確にすることで、仕事が把握できる。仕事が把握できれば、どのような能力（コンピテンシー：Competency）が必要なのかが明確になる。コンピテンシーが明確になれば、その職務に合った人材像が明確になる。そうなれば、評価基準や教育方法も明確になり、その基準に沿って人材を評価すれば、国籍に関係なく世界中から適任の人材を探すことができる。

またグローバルな人の人事異動を考える際には、ジョブ・グレード（Job grade）も重要である。例えば日本の部長と中国の海外法人長はどちらが職位において上なのかが明確でないと、グローバルな異動がキャリア・アップであることを示せなくなる。実際に一部の大企業は、1つの国の中で異動するローカル層、国際的な異動もある中間層、経営に近い幹部層の3つの層それぞれにピラミッド状のグレードを用意し、各層のピラミッドでグレードが上がると次の層の下層に移る、というようなグレードを用意している。

こうした制度を作ることで、社外の人材の引き抜きも容易になる。仕事とそれに必要な能力が明確であれば、その仕事に合った人材を外から選ぶことが容易になる。また、ジョブ・グレードを用意できれば、その人に現職のポジションよりも上の仕事であることを示しやすくなる。

Column15-2

制度理論（Institutional theory）

国際経営論の理論的視座として注目されているのが制度理論である。制度理論とは、人や組織が合理性だけではなく、制度の影響を受けて行動するという考え方である。この場合の制度とは、その国の法律だけでなく、文化や、その国や社会に属する人が当たり前だと思っている常識や物事の考え方など、様々なものを指している。人や組織は制度に合わせないと、社会において存在してよいと思われなくなってしまう。そこで人や組織は、社会から存在してよいと思われるように、すなわち正統性（legitimacy）を獲得できるように行動をする。

では、正統性を得るためにどのような行動が必要だろうか。興味深いのは制度に合わせるために、多くの企業が同じような行動をとることである。これを「同型化」という。制度に基づく同型化には３つのパターンがある。まず、法律のような形で、社会から何らかの圧力を受けて、それに合わせる場合である。これを「強制的同型化」という。次に、教育機関のような専門職集団が作った規範に合わせる場合である。これを「規範的同型化」と呼ぶ。最後に、より成功している、より正統性を得ていると思われる組織の行動を真似する場合である。これを「模倣的同型化」と呼ぶ。

多国籍企業の場合、進出先において正統性を得るために、しばしば同型化を行う。そもそも現地で正統性を獲得できなければ、優秀な人材を採用できないなどの問題が起きてしまうからである。そこで、現地の法律や専門家の意見に合わせるのはもちろん、現地企業の模倣をし、現地の人事慣習を取り入れたり、現地国籍人材を登用したりしている。

その上多国籍企業はグローバルな制度的圧力も受ける。結果、先進的な企業が取り組んでいるベストプラクティスとみられる人事施策も、必要に応じて取り込まなければならない。多国籍企業による正統性獲得は、学術的にも実務的にも、重要なテーマである。

ただしこうした制度を作るのは容易ではなく、運用もまた容易ではない。世界中の社員の人事データは膨大であり、さらにそのデータを迅速に更新し続けるのは至難の業である。しかし近年、HRテクノロジーの進化によって、膨大なデータをスピーディーに集約し、処理することが可能になりつつある。HRテクノロジーの活用はグローバル化に対応する企業にとっては必要不可欠であろう。

またHRテクノロジーに任せることで人の評価の恣意的な部分を減らせる可能性

もある。人が判断する以上、どうしても採用・評価・人事異動の判断に主観が混じる。しかしテクノロジーを使い、過去の傾向などから分析を行えば、ある程度客観的な基準で人を評価することができる。

しかしその一方で、人が人を見ることの重要性は失われていない。例えば近年、中途社員を採用する際に、転職エージェントを使うのではなく、社員の紹介を通じた中途採用（リファラル採用）を行う企業も増えている。これは、エージェントに支払うコストを削減したいからだけでなく、社内を知っている社員の方が適切な人を紹介してくれる可能性が高いからである。また、外資系企業でも、将来の幹部候補などに対しては、経営層が直接コミュニケーションをし、その将来性を把握することも行われている。人とテクノロジーが融合し、人事管理を行うことが望ましいだろう。

6 おわりに

世界市場での成長を考える企業にとって、人事の国際化は必要不可欠な課題である。もちろん、成長を一定レベルにとどめるという戦略に基づき、必要な人材像を描いた結果、人事の国際化を進めないのも１つの選択肢である。しかし、世界市場を狙うのであれば、自国だけで優秀な人材を揃えることは限界があり、世界から優秀な人材を集めることが、競争上有利になる可能性が高いだろう。特に、世界の制度的な圧力を踏まえれば、グローバルに拡大した企業は、各国の従業員を登用することで、各国の事情を理解できるようになり、各国の制度への対応がしやすくなる（Column15－２参照）。また、世界から人材を揃えなければ、世界で求められているダイバーシティという規範に対応できず、正統性を失う可能性もある。

しかし、人事が国際化するということは、何かが変わるということである。それは、元々の人事制度に合わせていた人材には痛みを伴う変化かもしれない。そのような痛みがある中でどのように組織を変革していくか。そのような痛みを和らげる方法を考えるのか、あえて無視するのか。それとも誰も痛まない全く新しい人事制度を作り上げるのか。これらは人事担当者だけではなく、経営者はもちろん、すべての経営に携わる人間が考えなければならない。そうでなければ、人事制度ができても機能せず、結局元に戻るということになりかねないからである。人事の国際化は決して他人事ではない。

? 考えてみよう

① 日本企業の中で取締役に外国籍のメンバーが含まれる企業を探してみよう。そのうえでその企業がいつから外国籍のメンバーを取締役に入れるようになったかを調べ、企業の戦略と関係があるかを考えてみよう。

② 駐在員として働いてみたいかみたくないか、なぜ自分がそう思うのかを考えてみよう。

③ 薫はこれからどうすればよいのか。今後の人事部としてとるべき戦略を考えたうえで、明日からまずは何をすべきかについて考えてみよう。

次に読んでほしい本

☆グローバル化する世界における企業のあるべき姿を学ぶには…。

パンカジ・ゲマワット（2009）『コークの味は国ごとに違うべきか』文藝春秋。

☆国際経営全般について詳しく学ぶには…。

大木清弘（2017）『コアテキスト　国際経営』新世社。

☆国際人事について詳しく学ぶには…。

関口倫紀・竹内規彦・井口知栄『国際人的資源管理【ベーシック+】』中央経済社。

第15章

主要参考文献

■第１章

- 平野光俊・江夏幾多郎（2018）『人事管理：人と企業、ともに活きるために』有斐閣。
- 守島基博（2004）『人材マネジメント入門』日本経済新聞出版社。
- 佐藤博樹・藤村博之・八代充史（2019）『新しい人的資源管理（第６版）』有斐閣。
- ジョン・コッター（1995）「企業変革：八つの落とし穴」『ダイヤモンド・ハーバード・ビジネス・レビュー』ダイヤモンド社。
- エドガー・シャイン（2012）『組織文化とリーダーシップ』（梅津祐良・横山哲夫訳）白桃書房。

■第２章

- Adler, P. S., & Kwon, S. W.（2002）. Social capital: Prospects for a new concept. *Academy of Management Review,* 27（1）, pp.17-40.
- Hackman, J. R., & Oldham, G. R.（1976）. Motivation through the design of work: Test of a theory. *Organizational behavior and human performance,* 16（2）, pp.250-279.
- Mitchell, T. R.（1997）. Matching motivational strategies with organizational contexts, Cummings, L. L. & Staw, B. M.（Eds）. *Reseach in Organizational Behavior* 19, pp.57-149. JAI press Inc.
- 高橋潔（2002）「社会科学におけるモティベーションの諸理論」『南山経営研究』17（1-2）, 35-51頁.

■第３章

- Abegglen, J. C.（1958）. *The Japanese factory: Aspect of its Social Organization,* Free Press.（占部都美監訳（1958）『日本の経営』ダイヤモンド社）
- 日経連能力主義管理研究会（2001）『能力主義管理―その理論と実践日経連能力主義管理研究会報告』日経連出版部。
- 仁田道夫・久本憲夫編（2008）『日本的雇用システム』ナカニシヤ出版。

- 梅崎修・南雲智映（2015）「工程設計力が技能形成と雇用管理に与える影響：大型洗濯機工場の事例研究」『社会政策』第７巻２号、119-131頁.
- 八代充史（2019）『人的資源管理論－理論と制度（第３版）』中央経済社。

■第４章

- Atkinson, J.（1984）Manpower Strategies for Flexible Organizations. *Personnel Management,* 16, pp.28-31.
- 平野光俊（2010）「社員格付制度の変容（特集：初学者に語る労働問題【内部労働市場】）」『日本労働研究雑誌』52（4), 74-77頁.
- 今野浩一郎・佐藤博樹（2020）『マネジメント・テキスト 人事管理入門〈第３版〉』日本経済新聞出版。
- 今野浩一郎・畑井治文・大木栄一（2003）『能力・仕事基準の人事・賃金改革―職能資格制度の現在と未来』社会経済生産性本部生産性労働情報センター。
- Lepak, D. P., & Snell, S. A.（1999). The human resource architecture: Toward a theory of human capital allocation and development. *Academy of management review,* 24（1), pp.31-48.
- 日本経営者団体連盟（1995）新・日本的経営システム等研究プロジェクト編『新時代の「日本的経営」』。

■第５章

- 尾形真実哉（2008）「若年就業者の組織社会化プロセスの包括的検討」『甲南経営研究』48（4), 11-68頁.
- 尾形真実哉（2015）「新卒採用活動における良質な応募者集団の形成に影響を及ぼす要因に関する実証分析：人事部門を対象とした調査から」『組織科学』48（4), 55-68頁.
- 尾形真実哉（2020）『若年就業者の組織適応：リァリティ・ショックからの成長』白桃書房。
- 尾形真実哉（2021）『中途採用人材を活かすマネジメント：転職者の組織再適応を促進するために』生産性出版。
- Wanous, J. P.（1992). *Organizational entry：Recruitment, Selection, and Socialization of newcomers,* 2nd ed., Addison-Wesley.

▒第6章

• Drucker, P. F. (1954). *The Practice of Managemnet:* NY: Harper & Row.（現代経営研究会訳『現代の経営』自由国民社、1956年）
• 江夏幾多郎（2014）『人事評価の「曖昧」と「納得」』NHK出版。
• 今野浩一郎・佐藤博樹（2020）『マネジメント・テキスト 人事管理入門〈第3版〉』日本経済新聞出版。
• 楠田丘（2006）『人を活かす人材評価制度』経営書院。
• 労務行政研究所（2018）「民間企業440社にみる人事労務諸制度の実施状況」(https://www.rosei.or.jp/research/pdf/000073723.pdf 2021年 7 月11日閲覧)。
• 高橋潔（2010）『人事評価の総合科学―努力と能力と行動の評価』白桃書房。

▒第7章

• Burt, R.S. (1995). *Structural Holes: The Social Structure of Competition.* Cambridge, MA, Harvard University Press.（ロナルド・S・バート著、安田雪訳（2006）『競争の社会的構造ー構造的空隙の理論』新曜社）
• 小池和男・猪木武徳編（2002）『ホワイトカラーの人材形成：日米英独の比較』東洋経済新報社。
• 労働政策研究・研修機構（2017）「企業の転勤の実態に関する調査」(https://www.jil.go.jp/institute/research/2017/documents/174.pdf 2021年7月11日閲覧)。

▒第8章

• Avedon, M. J., & Scholes, G. (2010). Building competitive advantage through integrated talent management. In R. Silzer & B. E. Dowell (Eds.). *Strategy-driven talent management: A leadership imperative.* Jossey-Bass.
• エドガー・シャイン（2003）『キャリア・アンカーー自分のほんとうの価値を発見しよう』（金井壽宏訳）白桃書房。
• 人材育成学会編（2019）『人材育成ハンドブック』金子書房。
• 柿沼英樹・土屋裕介（2020）『タレントマネジメント入門：個を活かす人事戦略と仕組みづくり』ProFuture。

- Kolb, D. A.（2014）. *Experiential learning: Experience as the source of learning and development*（2nd edition）. Pearson Education.
- 﨑山みゆき（2019）『ジェロントロジーで学ぶ40代、50代からの働き方』日経BP。
- 山本寛（2014）『働く人のためのエンプロイアビリティ』創成社。

■第９章

- 今野浩一郎（2008）『日経文庫 人事管理入門〈第２版〉』日本経済新聞出版。
- 今野浩一郎・佐藤博樹（2020）『マネジメント・テキスト 人事管理入門〈第３版〉』日本経済新聞出版。
- 鈴木竜太・服部泰宏（2019）『組織行動－組織の中の人間行動を探る』有斐閣。

■第10章

- 今野浩一郎・佐藤博樹（2020）『マネジメント・テキスト 人事管理入門〈第３版〉』日本経済新聞出版。
- 鹿生治行・大木栄一・藤波美帆（2016）「60歳以降の社員（高齢社員）の人事管理の整備状況と現役社員の人事管理への影響-平成24年改正高年齢者雇用安定法以降の状況」『日本労働研究雑誌』第674号、55-65頁.
- 高齢・障害・求職者雇用支援機構（2018）『65歳定年時代における組織と個人のキャリアの調整と社会的支援－高齢社員の人事管理と現役社員の人材育成の調査研究委員会報告書』
- 服部泰宏（2013）『日本企業の心理的契約―組織と従業員の見えざる約束』白桃書房。
- 間宏（1978）『日本労務管理史研究―経営家族主義の形成と展開』御茶の水書房。

■第11章

- ウィルマー・B・シャウフェリ、ピーターナル・ダイクストラ（2012）『ワーク・エンゲイジメント入門』（島津明人・佐藤美奈子訳）星和書店。
- 佐藤博樹編（2008）『子育て支援シリーズ 第２巻 ワーク・ライフ・バランス―仕事と子育ての両立支援』汐見稔幸・佐藤博樹・大日向雅美・小宮信夫・山懸文治監修、ぎょうせい。
- 島津明人（2014）『ワーク・エンゲイジメント―ポジティブ・メンタルヘルス

で活力ある毎日を』労働調査会。
• 鶴光太郎・樋口美雄・水町勇一郎（2010）『労働時間改革—日本の働き方をいかに変えるか』日本評論社。
• 山本勲・黒田祥子（2014）『労働時間の経済分析—超高齢社会の働き方を展望する』日本経済新聞出版社。

第12章
• Herzberg, F., Snyderman, B.B. & Mausner, B.（1959）*The Motivation to Work: 2d Ed.* London: Chapman & Hall.
• 厚生労働省（2016）『ストレスチェック制度導入ガイド』（https://www.mhlw.go.jp/bunya/roudoukijun/anzeneisei12/pdf/150709-1.pdf 2021年３月15日閲覧）.
• 厚生労働省（2018）『平成30年　労働安全衛生調査（実態調査）』（https://www.mhlw.go.jp/toukei/list/dl/h30-46-50_kekka-gaiyo01.pdf 2021年３月15日閲覧）.
• 厚生労働省（2020a）『令和２年版厚生労働白書－令和時代の社会保障と働き方を考える』（https://www.mhlw.go.jp/content/000735866.pdf 2021年３月15日閲覧）.
• 厚生労働省（2020b）『事業主が職場における優越的な関係を背景とした言動に起因する問題に関して雇用管理上講ずべき措置等についての指針』（https://www.mhlw.go.jp/content/11900000/000584512.pdf 2021年３月15日閲覧）.

第13章
• 金井壽宏（1991）『変革型ミドルの探求—戦略・革新志向の管理者行動』白桃書房。
• 白井泰四郎（1996）『労使関係論』日本労働研究機構。
• 白井泰四郎・花見忠・神代和欣（1986）『労働組合読本（第２版）』東洋経済新報社。
• 高梨昌（2002）『変わる春闘：歴史的総括と展望』日本労働研究機構。

■第14章

- 中小企業庁（2017）「兼業・副業を通じた創業・新事業創出に関する調査事業研究会提言～パラレルキャリア・ジャパンを目指して～」
- 内閣府（2020）『令和２年版　男女共同参画白書』
- 萩原牧子・戸田淳仁（2016）「「複業」の実態と企業が認めるようになった背景」『日本労働研究雑誌』58（11），46-58頁.
- 労働政策研究・研修機構（2015）『情報通信機器を利用した多様な働き方の実態に関する調査結果（企業調査結果・従業員調査結果）』（調査シリーズNo.140）労働政策研究・研修機構。
- 谷川智彦（2020）「職場におけるダイバーシティとパフォーマンス：既存研究のレビューと今後の方向性」『日本労働研究雑誌』62（7），59-73頁.
- Van Knippenberg, D., & Schippers, M. C.（2007）. Work group diversity. *Annual Review of Psychology*, 58, pp.515-541.

■第15章

- Bartlett, C. A. & Ghoshal, S.（1989）. *Maraging across borders: The transnational solution.* Boston, Mass: Harvard Business School Press.（吉原英樹監訳『地球市場時代の企業戦略：トランスナショナル・マネジメントの構築』日本経済新聞社．1990年）
- 内藤陽子（2011）「組織再社会化における情報入手行為と組織適応：海外帰任者を対象としたモデルの構築と検証」『組織科学』45（1），93-110頁.
- 大木清弘（2016）「タイの現地人材の評価とポテンシャル—産業高度化を狙うタイの現状と日系企業の課題」『赤門マネジメント・レビュー』14（12），pp.703-720.
- Ghemawat, P.（2001）Distance still matters：The hard reality of global expansion. *Harvard business review*, 79（8），pp.137-147.
- 吉原英樹（1996）『未熟な国際経営』白桃書房。

索　引

■ 数字・アルファベット ■

■ あ　行 ■

■か　行■

さ　行

た 行

■は　行■

■ま　行■

■や　行■

■ら　行■

わ　行

■編著者略歴

西村　孝史（にしむら　たかし）

東京都立大学大学院経営学研究科准教授。一橋大学博士（商学）。
株式会社日立製作所にて人事業務に従事後、大学院に進学。徳島大学准教授、東京理科大学准教授を経て、2013年首都大学東京大学院社会科学研究科（現. 東京都立大学大学院経営学研究科）准教授。Henley Business School, University of Reading, Visiting Academic（2021年４月－2022年３月）現在に至る。専門は人的資源管理。
主著に「COVID-19下での働き方の変化とワークエンゲイジメント」（『産業・組織心理学研究』第35巻１号、2021年）、「戦略的人的資源管理におけるミクロ的基礎の実証研究―2014－2018年度のJ1リーグデータの分析―」（『組織科学』第53巻３号、2020年）、「ソーシャル・キャピタルの規定要因としての人事管理施策」（『組織科学』、第52巻２号、2018年）などがある。

島貫　智行（しまぬき　ともゆき）

一橋大学大学院経営管理研究科教授。一橋大学博士（商学）。
総合商社人事部門に勤務後、大学院に進学。山梨学院大学専任講師を経て、2010年一橋大学大学院商学研究科（現. 経営管理研究科）専任講師、2011年同准教授、2017年同教授。現在に至る。専門は人的資源管理。
主著に『派遣労働という働き方―市場と組織の間隙―』（有斐閣、2017年）、「日本企業における人事部門の企業内地位」（『日本労働研究雑誌』第698号、2018年）などがある。

西岡　由美（にしおか　ゆみ）

立正大学経営学部教授。学習院大学博士（経営学）。
湘北短期大学専任講師等を経て、2010年立正大学経営学部専任講師、2012年同准教授、2018年同教授。現在に至る。専門は人的資源管理。
主著に『多様化する雇用形態の人事管理－人材ポートフォリオの実証分析』（中央経済社、2018年）、「日本企業の人材ポートフォリオ―仕事配分と賃金管理による検討」（『日本労働研究雑誌』第737号、2021年）などがある。

執筆者紹介（担当章順）

島貫　智行（しまぬき　ともゆき）……第1章
一橋大学大学院経営管理研究科教授

西村　孝史（にしむら　たかし）……第2章
東京都立大学大学院経営学研究科准教授

南雲　智映（なぐも　ちあき）……第3章
東海学園大学経営学部准教授

西岡　由美（にしおか　ゆみ）……第4章
立正大学経営学部教授

尾形　真実哉（おがた　まみや）……第5章
甲南大学経営学部教授

余合　淳（よごう　あつし）……第6章
名古屋市立大学大学院経済学研究科准教授

林　祥平（はやし　しょうへい）……第7章
明治学院大学経済学部准教授

柿沼　英樹（かきぬま　ひでき）……第8章
流通科学大学商学部准教授

田口　和雄（たぐち　かずお）……第9章
高千穂大学経営学部教授

藤波　美帆（ふじなみ　みほ）……第10章
千葉経済大学経済学部准教授

松浦　民恵（まつうら　たみえ）……第11章
法政大学キャリアデザイン学部教授

森永　雄太（もりなが　ゆうた）……第12章
武蔵大学経済学部教授

青木　宏之（あおき　ひろゆき）……第13章
香川大学経済学部教授

佐藤　佑樹（さとう　ゆうき）……第14章
流通経済大学経済学部専任講師

大木　清弘（おおき　きよひろ）……第15章
東京大学大学院経済学研究科准教授

1からの人的資源管理

2022年1月25日　第1版第1刷発行

編著者　西村孝史・島貫智行・西岡由美
発行者　石井淳蔵
発行所　㈱碩学舎
〒101-0052 東京都千代田区神田小川町2-1 木村ビル 10F
TEL 0120-778-079　FAX 03-5577-4624
E-mail info@sekigakusha.com
URL http://www.sekigakusha.com
発売元　㈱中央経済グループパブリッシング
〒101-0051 東京都千代田区神田神保町1-31-2
TEL 03-3293-3381　FAX 03-3291-4437
印　刷　東光整版印刷㈱
製　本　誠製本㈱

＊落丁、乱丁本は、送料発売元負担にてお取り替えいたします。

ISBN978-4-502-40701-7　C3034